ぼくにはこれしかなかった。

早坂大輔

木楽舎
KIRAKUSHA

CLA SSIC BOO KS AND MOD ERN ART
NERD
Secondhand books,
and Miscellaneous goods.
BOOK STORE IS NOT DEAD
Mon-Thu 12:00-19:00
Fri-Sun 12:00-20:00
Closed on Tuesday
2020.11.14(SAT) - 11.23(MON)
CLOSING HOUSE,
OPENING COMMUNITY
人 to ひと
SAUNTER

OPEN

NERD
and books,
aneous goods
E IS NOT DEAD
12:00-19:00
12:00-20:00
Tuesday

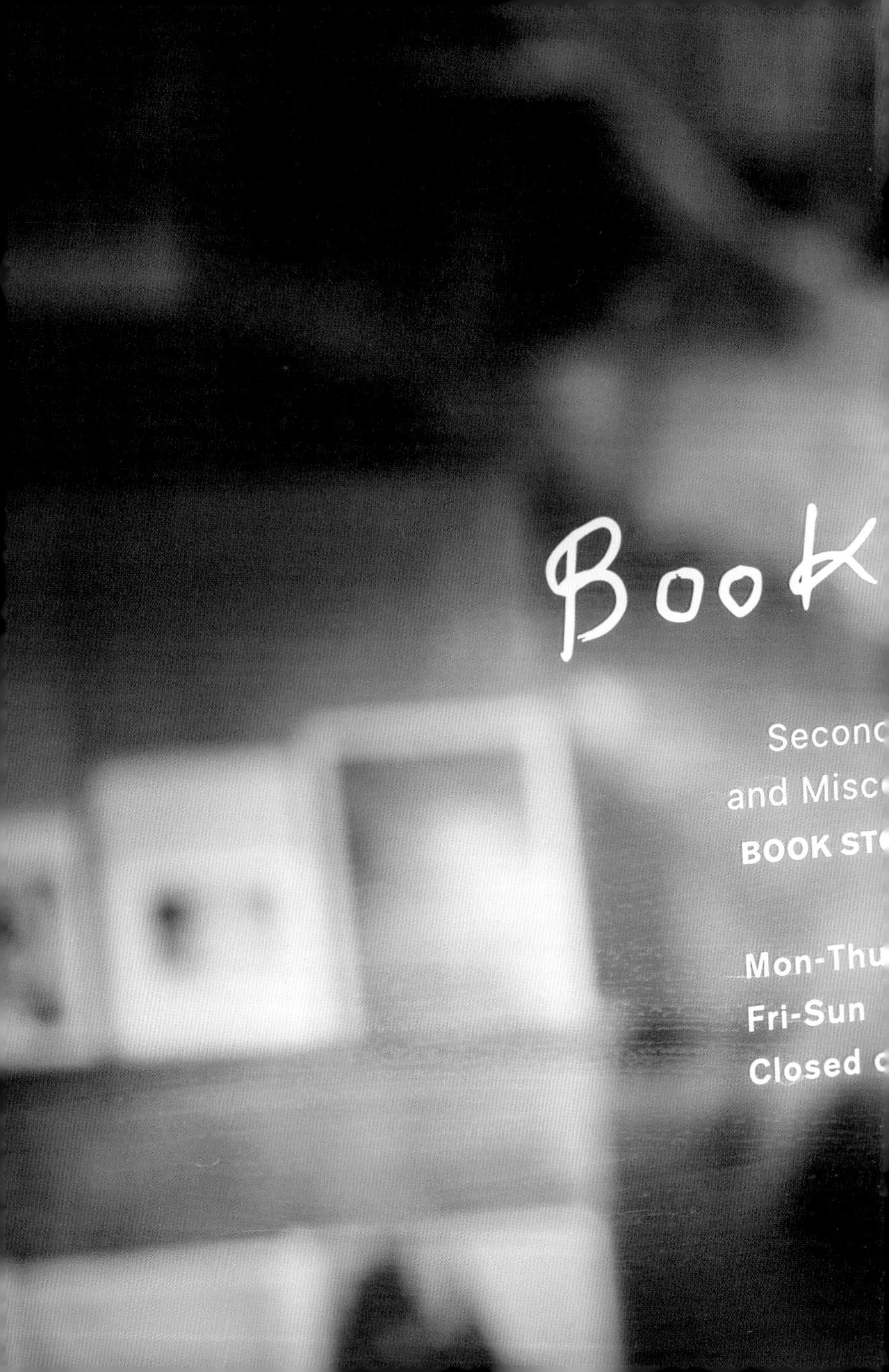
Book
Secon
and Misc
BOOK ST
Mon-Thu
Fri-Sun
Closed

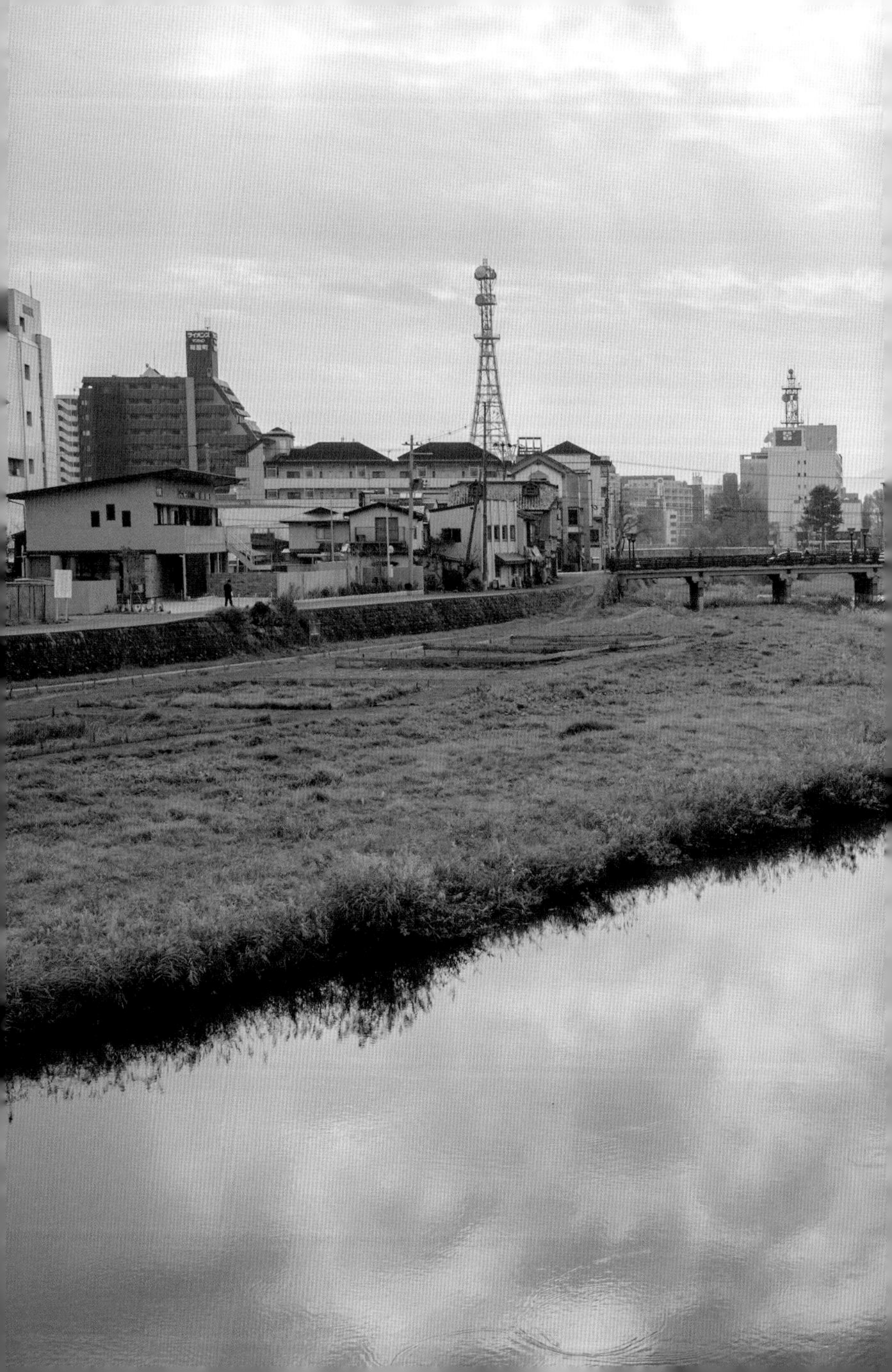
ライオンズ

表紙はうたう
没後1年 追悼出版
和田誠が40年間描き続けた
「週刊文春」全表紙を収録。
オラファー・エリアソン
アートを通してサステナブルな生を再考するために。
Olafur Eliasson
Sometimes the river is the bridge

Combi

1/50

50
50

to be continued

ぼくにはこれしかなかった。

ぼくにはこれしかなかった。

イラストレーション　山本万菜
写真　奥山淳志（1～13頁）
ブックデザイン　福永耕士
本文設計　仲川里美（藤原印刷）

人間らしく生きるということは

知恵をふりしぼり、五感をフルに働かせると見えてくる景色がある。それは生きることを研ぎすませたものにしか見えない景色だ。安穏と暮らしていると毎日はぼんやりと過ぎていくが、毎日頭とからだをめいっぱい動かしていれば時間はあっという間に過ぎていく。自分で生きていく、ということはほんとうにしんどいことだ。なにかを売ったり、なにかを作り出すことで金銭的な対価を得て生きていくということは当然浮き沈みがあるのだし、自身のクリエイティビティを常に保っていくことはほんとうに難しい。その険しくながい道のりの先にはなにがあるのだろうか。そしてそうした生き方を実践している人たちはなにを思い、どのようなことに迷いつまずき、そして光明を見出しているのだろうか。一人ひとりをつかまえて、ぼくはこう聞いてみたい。「あなたはなぜ好きこのんでイバラの道を?」。

人生はみじかい。そしてつらく険しい。神がわれわれにひとしく時間を与えてくださったのならば、その時間をいとおしく、まるでぶどう酒のように濃いものにしたい。誰しもがそう考えることを実践することはとてもエキサイティングだが、おそろしい。一歩前へ足を踏み出すことは、まるで毎日がジェットコースターのようなアップダウンのはげしい人生を手に入れることとイコールだからだ。不安定で、おそろしく孤独で、自分がどこにいるのか実感のない、胃のきりきり痛むような金銭的欠乏と常に格闘しなければならない生活がいま目の前にある。毎日が平坦でつまらなく、ただ週末の休日がやってくるのが楽しみでしかたがないという人生。ランニングをし、車をみがき、ビールを飲み、スポーツ中継を見るような休日。そうした小市民的な生活からはなれたぼくの休日は山積みになった仕入れた本を整理し、次の企画展を考え、あたらしくワクワクするようなことの構想を練って終わってしまう。それがお前が心から望んだ生き方か?と言われればちょっと悩んでしまうがいまは精神的にはとてもヘルシーで満ち足りている。人にはたぶんそれぞれ帰属すべき居場所がある。きみにはそこがふさわしいのかもしれなくて、たぶんぼくにはここがふさわしいのだと言える。うん、たぶんそう言えることが大事でなによりも心の安定、充足がたいせつだ。なにもサラリーマンの生活を嫌悪したり、ばかにしたりしているわけじゃない。それがきみにぴったりとフィットしていて、特に不満がなければ、それでいい。体を壊して休もうが、ズル休みしようが給料は保証されている。おまけに有給休暇というやつもある。きみがその組織のなかに自分の居場所があり、有意義な時間をすごせるのなら、それはそれで最高なことなんだと思う。ぼくにはそれができなかっただけのことだ。

レイモンド・マンゴーというアメリカの作家が1980年に出版した『就職しないで生きるには』という本がある。ぼくは事あるごとにこの本をまるでビジネス書のように度々読み返すことにしている。『就職しないで生きるには』の原題は〝COSMIC PROFIT〟、つまり宇宙的な、根源的な利益という意味合いだろうか。社会のルールや慣例、様々なしがらみにしばられずにお金を生み出す生き方、お金を稼ぐということが最優先ではなく、自分が満ち足りた生き方をして社会（宇宙、地球）になにかを与えることではじめてお金が循環する、というようなイメージ。マンゴーは広大なアメリカ大陸を旅しながら、まるで遊ぶように働き、閃光のようなきらめきでなにかワクワクする新しいものを生み出す人びとを紹介していた。そうした人びとはみな、言ってみればひとつ前の時代、すなわちあの激動の60年代と70年代を燃えさかるほのおのように過ごしてきた人間たちだった。彼らに共通する態度を一言で言いあらわすのならば、「市民的不服従」という言葉に尽きる。それは決してなにかに昂然と抗議をして行進したり、火炎ビンを投げたり、座り込むこととイコールではない。突き詰めるとみずからの良心やイデオロギーや意志にもとづき、自分の生き方を選ぶ、ということに他ならない。きみは国家の、社会の、組織の、囚われびとではない。きみには意志があり、良心がある。だがきみを押さえつけようとしたり、ねじ伏せようとしたりする人たちがいる。きみが押し黙ってくれさえすれば、すべてはうまくいく、万事解決、というようなことがたくさんあって、その多勢の、力を握る人びとと利害関係や主従関係があるのならばきみはやがて沈黙するしかない。その沈黙はやるせなく哀しみに満ちている。なぜならばその沈黙こそ人間的ではないからだ。つまり「市民的不服従」とは、人間的態度を取り戻す姿勢であり、行為とも言える。誰からも指示や命令をうけず、特定の利権や集団から距離をおき、みずからがえらんだ好ましいと思う生き方で働き、金をかせぎ、税金をおさめること。そこには思想もイデオロギーも神もない。ただ、人間的である、ということが存在するだけだ。

残念なことに人間的でいるのはいまの時代とてもむずかしい。まるでクモの糸のようにこんがらがった人間関係がSNSによってさらに混線し、われわれの社会にはいまもなお様々なしがらみが存在する。

コミュニケーションは複雑さをそなえ、その海原ははてしなく広い。そのなかを泳いでいるわれわれに求められるのはそこから身を置くことではなく、そこそこうまくやること。じょうずに立ち回り、誰も傷つけないことだ。だが、そんな生活を続けているときみはいつか疲弊する。表向きは快活ですばらしい身なりをしたきみの心は荒みきってぼろぼろになり、心から笑い、おどろき、よろこぶことを忘れてしまう。誰かにとって都合のよい人間にはなっているがきみはきみ自身を忘れてしまう。社会とのつながりよりも自分だけの感覚に従うこと。すぐになにかに影響されず、周りに流され同調することなく自分だけの正解を持つこと。好きな場所でほんとうに心から自分が好きだと思うことをしながら、つつましくとも充実した暮らしを営むこと。ぼくはさまざまな逡巡やまわり道を経て、どうやらそんな生き方を今度こそほんとうにしなければならないぞ、といつしか思いはじめた。思惑や妥協から遠くはなれ、すさまじい嵐のような雨風をからだに受けながら、靴は泥だらけになり身なりは汚らしくてもただ人間的であることを追い求めること。そうしてぼくはありとあらゆるレールを降りた。組織の一員であることをやめ、社会から身を引き、誰かの言いなりになることをやめた。だがそれはドロップアウトではなく、ぼくなりの反抗のはじまりだった。どこにも属さず、たったひとりで誰にも従わず、毎日店を開け、本を売ること。本はぼくにとってかけがえのない友人のひとりだった。かれらの声を聞き、かれらを必要としている人たちへ本を売ること。それがぼくが生きたい生き方だった。そしてそうした生き方を通じてぼくはぼくなりの「市民的不服従」を貫こうと決めた。それはとてつもなくカッコよく、崇高な考え方に思えた。だが、そうした生き方には代償がともなうこと、みな高い授業料をはらって浮き沈みをくりかえしていることをぼくは理解していなかった。ぼくはろくにマーケティングもせず、自分にとって都合のよい甘い見通しと勝手な思い込みで本屋をはじめることにした。それは泥水を飲み、地べたをさまようことと同じことなのだとその頃のぼくはぜんぜんわかっていなかった。そしてそれはいまもなお続くとてつもなくヘヴィで曲がりくねった道のりのはじまりだったのだ。

ただなんとなく生きてきた

あまり思い出したくはないのだけれど、ぼくはかつてネクタイを締める仕事、いわゆるサラリーマンをしていたことがある。朝7時には会社に行き、クライアントのところに出向きセールスをしたり、打ち合わせをしたりして、会社に戻ると大体夜10時ごろまで仕事をして家路に着く、という生活を13年間続けた。ぼくはそもそもろくすっぽ勉強をしてこなかったので学歴もなかったし、何者かになりたいという強い願望もなかった。もちろん自意識の強かった若い時分には音楽を聴いたり、本を読むことが好きだったから作家やミュージシャンになりたいという憧れはあったものの、実際になれるはずもなかったし、またなれるような才覚が自分にあるとも思わなかった。これを読んでいるきみたちはどうだろう。若いのにすでに何者かになりたいとはっきりと思っているのなら、それはとてもすばらしいことだと思う。だってぼくにはサラリーマンになる道しかひらけていなかったのだから。地元のたいして偏差値の高くない高校をなにも考えずに受験して入学し、なにかに打ち込むということをどこかに置いてきたまま高校3年間を過ごした。いざ進学か就職かという段階になってもなにか明確な目的があったわけでもなく、ただ海外の文化への漠然とした憧れがあっただけで外国語の専門学校へ進学した。いまにして思うとそれならば外国語の大学へ進学すればよいのだろうが、当時ぼくがいた高校からそのような進路を選んだ人間はいなかったし、大学受験する気力も明確な目的もぼくにはなかった。ただなんとなく生きる道を消去法で選び、ただなんとなく進んできただけだ。そんな人間には継続する意志の強さがあるはずもなく、専門学校も2年が過ぎる頃には慣れない友だちづきあいや学校の雰囲気にすっかり嫌気がさして、結局行かなくなってしまった。それから故郷に戻り、しばらくいろんな仕事をした。フリーターというやつだ。洋服店の店員やラーメン店、臨床検査の助手や物流センターの仕分け、コンビニエンスストアの店員もやった。たぶん7年くらいそんな風にいろんなアルバイトをしたのちに、ふとしたきっかけでいちばん長く在籍する会社にひろわれた。それまでコンビニエンスストアや臨床検査のアルバイトをしていたぼくにとって、その就職先はりっぱな会社だった。ネクタイを締めてスーツを着ることが毎日うれしくて仕方がなかった。ぼくは社会に存在していいのだと誰かが判を押してくれたような気がした。

入社してからのぼくはとにかくがむしゃらに働いた。就職情報誌の広告営業がぼくの仕事で、誰よりも売上成績を上げるためにとにかくお客様に好かれようと取引先の担当者のもとに何度もかよい、ぼくという人間が何者なのか覚えてもらおうとした。誰よりも多くの訪問先をまわり、どうしたらお客様から注文をもらえるかを真剣に考えた。残業は当たり前、とにかく夜も昼も休日もなく働きつづけて、気がついたときにはその営業所の責任者になっていた。そこからはトントン拍子に昇進をして、ふと気がつくと最年少でぼくの所属する東北ブロックの責任者に任命されていた。30代で部長になったぼくはますます仕事にのめりこんだ。どうしてその仕事にのめりこみ、そんなに夢中になっているのか。そんなことを考えている余裕はなかった。ぼくの下ではたくさんの部下がぼくの指示を待っていて、ぼくのところには処理しなければならないたくさんの仕事が毎日山のようにあったからだ。働くことはいわば呼吸をしたり、水を飲むことと一緒だった。仕事とはぼくにとってありがたいものだった。一生懸命働くことで人生がひらけ、結婚をし、ぼくの生活は楽になったのだから。その仕事が社会にとって、ましてや自分にとってどんな意味があるのか。そのときのぼくは考えもしなかった。何も考えず、やはりただなんとなく生きてきたらなんとなく道がひらけてきたので、ぼくはその道をまっすぐに歩いてきただけだった。歩いてきた道にどんな轍が残り、これから歩く道にどんな景色が広がっているのか、考えたこともなかった。

仙台の責任者になって2年が過ぎたころ、突然朝起きるのが辛くなった。さまざまな重圧やストレス。鳴り続ける電話。ひっきりなしに来るメール。毎朝のミーティング。上司からの叱咤。深夜の会議。もう体も心も限界が来ていて、疲弊しきっているのがわかった。突然自分がやっている仕事が色をうしない、むなしく白々しく感じてしまった。そのときぼくはようやく40歳を前にして、真剣に自分の生き方をかんがえた。自分にとって会社とは、労働とは何なのか。このような働き方を続けたとして、ぼくの人生にはなにが待っているのだろうか。仮にぼくがいま組織からほうりだされたとして、いったいぼくにはどんなスキルが残されているというのだろうか。ぼくは社会にいったいなにを与え、どんな風に役に立ち、ぼくの仕事はいったい誰に感謝されるのだろう。今のぼくは組織に依存しているひとりの人間にすぎなかった。組織のために働くことになんの違和感も感じず、生きているうちのほぼすべての時間を組織に捧げてはいたが、自分の人生はないに等しかった。ぼくにとって労働とは大方の人びとと同様で生きる糧でしかなかったし、働くということを大げさに考えたこともなかった。たとえば自分のイデオロギーに反する仕事をしろ、と言われたとしても目を瞑ってただその橋を渡ったし、喉元を過ぎればなんとやらで特段ぼくの良心が傷つくこともなかった。ぼくにとって働くことにそもそも思想などなかったのだ。嫌なことはなんでもやったし、よろこんで夜遅くまで働き、身を粉にして会社にぼくのすべてを捧げた。そんな人生にいったいなにが残るだろう。ぼくは来る日も来る日も自問自答しつづけた。いまにして思えば、あのときのぼくは少々ノイローゼ気味だったのだと思う。執拗に働くことの意味を考えていた。ぼく、という人間は古書店や新刊書店をのぞき、映画を観て、レコードを聴く。たぶんそのような趣味趣向で形成されていた。だが、そんなことは余暇であり、仕事にはなんの役にも立たなかった。仕事とはもっとまじめで、現実的で、数パーセントの緩みも許されない世界。それがぼくにとっての仕事観だった。だから仕事は仕事。趣味は趣味。その緩急がはっきりと分かれていることが当たり前で、その中間はなかった。

ぼくは仕事への興味を急速に失い、来る日も来る日も大量の仕事を残したまま、ほぼ定時で帰宅するようになった。そして音楽を聴き、本を読みながら、これからの人生をかんがえた。だが、答えはすでに出ていた。身を粉にして捧げてきた自分の仕事や会社が途端に意味のない、実体のないものに思えた。ぼくは会社を辞めるしかなかった。それからしばらくして、ぼくは13年間勤めた会社を退職した。退職はじつにあっさりとしたものだった。何人かの部下に惜しまれ、ありがたいことに数人の上司からとどまることを打診されたが、ぼくにはすでにその会社で働くビジョンをまったく描けなかった。それに次になにをやるのかもう決まっていた。盛岡に住む友人と小さな会社を起こすのだ。ここまで読んでくれたきみは驚くかもしれない。そう、小さな会社を起業することにしたのだ。会社を飛び出したぼくの次の関心は本屋ではなく、起業だった。決して嫌いではなかった自分のやってきた仕事のスキルを活かしながら、より自分の目の届く範囲で、お客様の顔が見え、ダイレクトにフィードバックのある仕事。その答えは仕事の、生きるサイズを落とすことだった。同じ会社の盛岡営業所で同僚として働いていた友人とは前からそんな話をしていた。奇しくもぼくらの業界は変革期の真っ只中にあった。紙からインターネットへ。しきりにそんなことが叫ばれていて、大都市圏ではすでに紙からインターネットへの移行が急速に進んでいた。ぼくと友人はそのインターネットに目をつけた。盛岡市のような小さな商圏にはまだインターネットメディアは進出していなかった。ぼくらが先んじてインターネットメディアの代理店としてシェアを獲得してしまえば、それはビジネスになるのではないだろうか。マーケティングが浅はかすぎて赤面したくなるが、とにかく当時のぼくらはそんな青写真を描き、意気揚々と会社を飛び出した。ぼくは起業によって、もっと自分らしい働き方、生き方ができると本気で信じていた。

習作のような日々

ぼくは最初の起業によってふたつの教訓を得た。ひとつはぜったいに自分の好きなことで起業するべきだ、ということ。つまり、どんなにその事業が儲かるビジネスだったとしてもほんとうにきみたちの心がかよった商品なりサービスをとどけられるのか、かりにつめたい冬の雨のようなジリ貧の日々がつづいたとしても、きみたちが心に秘めたほのおを絶やすことなくその商売を継続できるのか、ということ。最終的に好きなことはぶれないし、きみのことを裏切らない。それは不退転の心を打ち砕こうとするさまざまな誘惑やあきらめてしまいそうになる苦難からきみを守ってくれる。好きなことこそがいちばんの心の安らぎであり、なによりも継続するためのもっとも大事な秘訣なのだ。中途半端に起業することがかっこいいとか、社長になりたいと思っているのなら即やめたほうがいい。この世界はそんなに甘くないし、そんな事業はどのみちつづかない。もうひとつの教訓はけっして友人と一緒に起業してはならないということ。友情とビジネスパートナーを混同してはいけない。いつまでも友情を黄金のままにしておきたいのならば、そこにカネ儲けをはさんではいけない。友情にヒビが入るだけでなく、きみが所有しているたいせつな財産を永遠にうしなってしまうおそれがあるからだ。その財産とはカネでは買えない、かけがえのないもののことだ。

ぼくらは若く無軌道な若者たちのように変わろうとしない旧態依然とした会社をとびだし、あたらしい理想にもえていた。ぼくらがほんとうにいいと思うサービスをとどけ、拡大をのぞまず、ぼくらふたりとその家族が暮らせるくらいの規模でつつましく事業をやっていこう。それがぼくらが求める心から生きたいと思う生き方だった。そんな青臭い理想をいだいてぼくらは小さな会社を作った。資本金はたった100万円。事業内容は当時地方都市ではまだ一般的ではなかったインターネットの求人情報メディアを媒体社にかわって販売する、いわゆる求人広告の代理店だった。社員はぼくと、かつてぼくが盛岡に転勤していた際に同僚だった男と、ぼくの当時の妻の3人。

便宜上、ぼくが代表をつとめ友人と妻が取締役となった。事務所は妻の親戚が所有していた盛岡市内の一軒家の一角を間借りし、ぼくと妻が格安な賃料でその一軒家の母屋に住むことに決めた。仙台から盛岡にとつぜん移住し、事業をはじめる。そんな突拍子もないアイデアをぼくは実行に移そうとしていた。

仙台で13年勤務した会社に辞表を提出したぼくは、ともにながい年月を会社に捧げ、さまざまな苦難や無理難題に耐え忍んできた同期の友人と、彼が住む盛岡市にぼくら夫婦が移住して事業をはじめることにした。激務とはいえ、会社のなかで安泰な地位に就いていたわれわれ2人が求めたのはなまぬるい安定ではなかった。自分たちの一挙一動で事業がひらけるダイナミズム、創造に彩られた刺激的な日々。そんな毎日を夢見ていた。ぼくたちは拡大することを辞め、縮小することを選んだ。それはぼくたちがやりたくないことをやらなくていいという選択になるはずだった。収入は減り、先行きも不透明になったが、精神的にはとても安定した。実入りが少なくなっても、やりたくもないことをやらされるよりはよっぽどましだった。もうそんな仕事はまっぴらだとぼくらふたりは考えていた。ぼくら3人で始まった小さなビジネスはとても地味で、とてもつましくささやかだった。土日をのぞいた毎日ぼくと友人が岩手県内に営業に出かけ、妻が事務所で経理や後方支援を担当した。営業先はかつてぼくらが前職で開拓した顧客で、その顧客たちが利用している紙の求人誌から、われわれの提案するインターネット媒体に切り替えてもらうのが主な仕事だった。

そのビジネスははじめ、面白いほど受注先が広がった。古くからのなじみ客が昔のよしみで利用してくれる機会が多かったことや、まだ地方では目新しかったインターネット媒体に興味を持たれたことが大きな商機となった。こうではないか、というわれわれの妄想に近い思い込みで、まったくゼロの状態からはじまったビジネスは順調に受注件数が伸びた。だが伸びたのは受注件数だけで肝心の売上高は1件あたりの単価が低く、ぼくと友人だけでかき集めるだけかき集めてもようやく採算分岐点を超えるか超えないかくらいにしかならず、苦しい日々が続いた。当たり前だった。そもそもぼくらがはじめたビジネスは労働集約型の商売で、大きなスポンサーから継続的に大口受注が入るか、われわれの頭数が増えない限り収益が安定することはなかった。そのうち、そうした業績の低空飛行に比例するようにぼくの心は焦り苛立った。ぼくはうまく契約を獲得できたのに友人ができなかったり、ぼくが友人よりも契約をたくさん取ったにもかかわらず早々に仕事を終え自宅に戻っているのに、友人が事務所に夜遅くまで居残って仕事をしていることにだんだん不満が募ってきた。開業から半年が過ぎても売上高は横ばいか減少傾向にあり、ぼくは工夫し改善することも忘れ友人への不満を妻にぶつけた。ぼくらの報酬はほとんどなく、あってもわずかばかりの金額で、そのうちにどんどん資本金は減り続けた。

ある日、意を決して友人にこのままでは報酬が払えないと相談した。友人は公庫あたりからカネを借りてひとまず食いつなぎ、状況が良くなるまでもう少し長い目で事業を見ようという意見だった。冗談じゃない。借金はごめんだった。そのころぼくはなんとなく無借金経営こそが美徳であると考えていて、運転資金としてカネを借りることに否定的だった。その夜以来、彼の意見がどこか他人事のように聞こえて、さらに不信感が募った。

お先真っ暗。さて、どうしようかと考えあぐねていたとき一本の電話が鳴った。それは前職でぼくの上司だった人間からだった。彼はいま前職の会社を辞め、同業の上場企業で取締役に就任していた。彼はぼくらの活躍を風のうわさで聞いていて、一度ぜひ会いたいと言ってきた。彼の会社の盛岡オフィスの営業部隊がとても弱っていて、できればその盛岡オフィスの責任者としてぼくらふたりに来てほしいというのが彼の提案だった。きみたちに異論がなければきみたちの会社を買い取って子会社化してもいいとさえ言った。提示された条件もわるくなく、暗中模索のなかで願ってもない話だった。すぐに友人に相談すると彼は首を横に振った。せっかく組織が嫌で飛び出したのに、また元に戻るのは賢明とは言えない。それにぼくらのビジネスはまだはじまったばかりじゃないか、というのが彼の返答だった。まったくその通りだがぼくらの自由は約束されている、毎月きちんと利益さえ出していればぼくらは好きになにをやってもいいんだと彼に伝えたが、彼は頑なにぼくの提案を拒否した。いまにして思えば友人の言う通り、時期尚早だった。ぼくは苦労したり失敗したくない一心だったのだと心から思う。血ヘドを吐くような苦労も、失敗したりする覚悟もなくぼくはただ組織に、会社に嫌気が差してそこを飛び出しただけだったのだ。そして飛び出したあとも、けっきょくのところ起業する度胸など持ち合わせていなかった。はじめに夢見たヴィジョンに暗雲がたちこめると、不安になり、疑心暗鬼にかられ、うまい話に飛びつこうとしていた。そのときのぼくには歯を食いしばり、ほんとうに好きなことをつづけていく度量も気概もなかった。ぼくと友人は中途半端な覚悟のために空中分解してしまい、そして後味の悪さだけが残った。ぼくは青臭い理念を捨て、渡りに船で元上司の会社に移ることを決めた。ぼくたちの小さな会社の最後の日、友人は事務所からパソコンや机を車に淡々と積みこみ、なにも言わずに走り去っていった。それでおしまいだった。ぼくの最初の起業はけっきょく半年間しか続かなかった。青臭い理想は挫折し、ひとりの友人を失ったことで現実に引き戻された。ぼくは裏切り者で、友人は殉教者だった。ぼくらが理想にもえていた場所の近くをいまでも車で通り過ぎることがある。そのときぼくはあのすがすがしく希望に満ちていた日々を思い出し、なくしてしまった友情のことを思う。

チーズとたましい

たましいをチーズに喩えてみる。たとえば1／4を切り取って差し出す場合と、1／2を切り取って差し出す場合。チーズの切り方にバリエーションがあるように、たましいの売り渡し方にも程度というものがある。これだけはゆずれないと思うものを切り取り売り渡してしまった場合、そのあとにはなにが残るのだろう。たましいとはいわば自分のなかにある良心のこと。そしてその良心がうずき、苦しむさまを見なかったことにして、きみはふだんどおりの生活を営むことができるだろうか。売り渡してしまった良心を取り戻すのはむずかしい。ぼくはある時点で（というか勤め先を求めた時点で）そのぼくのたましいをある程度まで、いやそのほとんどを売り渡してしまっていた。会社のやることに逆らわず、イエスと言い続けることが自分の行動原理だと固く信じていた。それでぼくのいまの平坦なふだんどおりの暮らしが保たれるのなら、路頭に迷わずに、住む家があり、そこそこの収入が担保されるのならそれでいいと思っていた。その組織の中枢で行われていることがたんなる利益の追求で、前年比を上回ることだけがお偉方の関心事だったとしても、だ。それであるときを境にこの暮らしぶり、この働き方はどうやらおかしいぞ、と気がつき、本来のあるべき生き方をとり戻そうとしても、結局はぼくが、ぼく自身がその骨まで染み付いた考え方を捨て去らないかぎり、環境が変わってもなにも変わらないのだということに気がついたのは、ぼくと一緒に会社を立ち上げた友人が車で立ち去ったあとだった。つまり自分が労働によって生み出す利益をなんのために追求するのか、ということだ。その利益を、なぜ、なんのために生み出すのか。そのカネは自分たちがいい暮らしをするためか。雑誌に出てくるような生活をして、ハッピーに暮らすためか。ぼくたちが従事している仕事の、その先にはなにがあるのだろうか。休日も身を粉にして働き、24時間常にメールや電話に縛られ、働き続けたとして、その時間的囚人と言ってもいい生き方を選んだときに、ぼくたちが仕事に見出すものはなんだろう。ぼくたちが生活を犠牲にしてまでも捧げ、忠誠を誓う労働のよろこび。そのよろこびをぼくはまだほんとうの意味で知らなかったのかもしれない。労働は苦痛でしかなかった。週末の夜に月曜の朝のことを考え、吐き気を催すほどいやな気持ちになる。会議、打ち合わせ、客先での謝罪。そうしたことが楽しみになることなんてあるのだろうか。なんのための働き方、生き方があるのだろうか。ぼくたちの労働の先にあるもの。なんのために働き、なんのために利潤を生み出すのか。その答えはひょっとすると、きみに憂鬱な月曜日が来るかどうかに関係しているのかもしれない。

かつての上司と協議を重ね、ぼくが代表を務める株式会社（といっても資本金がたった100万円の会社である）は晴れて上場企業の子会社となった。つまりぼくと友人、そしてかつての妻が所有する全株式をその企業に買い取ってもらい、友人は去り、ぼくはその子会社の雇われ社長になった。親会社である上場企業の盛岡事務所と統合する形で発足した子会社は、すでに盛岡事務所に在籍していた従業員が数人おり彼らがぼくの部下となることが決まった。それから日々は慌ただしく過ぎた。ライバル社とのシェア争い、売上目標の達成、部下の育成。ぼくは子会社の脆弱な経営をなんとか軌道に乗せるため、日々躍起になって働いた。ぼくにすべてを委ね、全幅の信頼を置いてくれる上司もいた。これでいいんだ。大きな組織の一員。この状態に身を置くことでぼくの精神は安定するんだ。もう日々のこまごまとした経費で喧嘩したり、今月どうやって暮らしていこうかと考えてため息をつくこともないんだ。そんな風にぼくは自分に言い聞かせ、子会社の社長として1年が過ぎ、2年が過ぎたある日、デスクに座っていてぼくは毎朝自分にこれは仕事だ、と言い聞かせ出社していることに気がついてしまった。日々の仕事のなかになんの楽しみも見出せず、気がつけば前職と同じことをしていることに。そして自由もなく、ただただ会社のためにあくせく働いていることに。去っていった友人が言った通りになった。いったいぼくはなにを目指していたんだっけ。ぼくは自分のたましいを1／4どころか、ワンホールごと売り渡してしまったのだと感じた。たしかに経済的にはすこぶる楽になり、暮らし向きもずいぶん快適になった。だがそれがなんだというのだろうか。仕事は退屈きわまりなく、完全にアイデンティティを見失い、日々の雑務にも興味を失いつつあった。15年近く慣れ親しんできた求人広告業界もすでに成熟期を過ぎ、衰退期にさしかかっているように感じた。だが、その下り坂に向かっている業界に必死でしがみつき、定年まで何事もなく終える生き方もある。40歳を過ぎていたぼくはもはや冒険ができる年齢とは言えなかった。このまま与えられた仕事を波風を立てずに日々をやり過ごせば、過不足なく余暇を楽しく生きていくことはできそうだった。

だが、そんな人生になにがあるのだろう。人は一生のほとんどを考えることを停止して生きていくことも、流転するようにその日一日を創造的に生きながらえることもできる。ぼくはいま前者に近かった。波風を立てず、安穏とただ食うために生きている。それとも、ぼくはこの年齢でまた流浪者のように、充足を求めてさまようのか。そんなことがはたしてできるのだろうか。ぼくの心のなかにくすぶり続けるほのおがまたゆらゆらと揺らめき出した。

だが会社を去るということはせっかく誘ってくれた元上司の面子をつぶすことでもあり、与えられた職務を中途半端に放棄することを意味している。友人を失い、その上恩人の顔に泥を塗るようなことをしようというのか。世間一般から見て、そんな奴は最低だろう。

長年続けてきた仕事や業界になぜ背を向けようとしているのだろうか。この仕事が向いていると思っていた。それなりに面白みもあり、やりがいもあった。だが、ぼくははたと気がついた。ぼくはこの仕事が好きではないのだ。この仕事のことを四六時中考え、すべてをこの仕事に捧げることなんてできない。音楽を聴き、本を読み映画を観ているのがほんとうのありのままのぼくで、ネクタイを締め、スーツを着ているぼくは仮のすがただった。

いまこそ、ほんとうのぼくのすがたのままでできる仕事、嘘やおべんちゃらに終始する仕事じゃなくて、こころから自分のいのちを灯すように向き合う仕事をするときが来たのかもしれないと思った。趣味の延長やだらだらと怠惰に続ける仕事じゃない。本気でぼくという人間のすべてをぶつける仕事のことだ。雨にうたれ、風にあおられても、ほうぼうをかけずりまわり、身をけずっても、1ミリの偽善も、大風呂敷もゆるされない、ぼくという個人の誠実さや正直さを売る仕事。そんな仕事をするためにはまずこころから自分が売るものを愛さなければならない。少しでもその売り物を愛せないのならば、ぼくはまたそこから去ることになるだろう。

ある朝、ぼくは自分でもう一度商売をすることをしずかに決意した。なにを売るかはもう決めていた。レコード店も、映画館も、喫茶店も無数にあるこの街で、唯一足りないピースを埋めること。それはこの街に本屋の明かりを灯すことだった。そして、本を売ることはぼく自身のたましいをそっと差し出すことと同じだと、ぼくはそのときようやく気がついたのだ。

ぼくの読書遍歴

高校のころのぼくにはふたつのコミュニティがあった。ひとつは中学時代からの友人たちのサークル。そしてもうひとつは高校の同級生たちのそれだった。中学のころの友人たちの親は教師や大学教授、銀行の支店長などいわゆる中流階級の知識層で、その息子たちも洗練されたインテリが多かった。両親が離婚したことで中流から下流へ転落し、母子家庭で育ったぼくも彼らに交じり、必死に彼らが嗜好する音楽や本、映画などのカルチャー全般についていこうとした。彼らの知識を吸収し、彼らよりさきがけて新しい情報を仕入れること、彼らよりぬきんでることがぼくの中学のころの生活のすべてだった。ぼくが小学生のころに両親は離婚した。離婚して母親と弟と3人で暮らしはじめると、わが家はとたんに余裕がなくなった。本が驚くほど少なかったわが家の本棚には自己啓発本か、ひと昔前の流行作家が書いた本しかなく、一日中働きづめで帰ってきた母親にはテレビを観ること以外の余暇などなかった。母親は本など読まず暮らしぶりを楽にするためにとにかくあくせく働いたが、自分が読書家でなかったことの猛省からか、子どもの頃からぼくにはなぜか本をたくさん買い与えた。絵本や童話にはじまり、偉人の伝記や少年文庫。そしてぼくはとにかく本の世界に夢中になった。なぜなら幼少期から親同士の関係は冷え込み、ほぼ毎日家庭のなかはなんらかの諍いが起こっていて、現実の世界はすでに不安定で絶望に満ちていたからだ。本はそうした現実の苦しみから逃げ出すための格好の避難場所だった。本を読むことが、物語や偉人たちの人生のなかに入り込み、仮の人生を生きることがこの上ないよろこびで、なんとも言えない温もりを感じるひとときだった。そうした読書遍歴を経て、中学時代の友人たちに出会うことでますます本を読むことに拍車がかかった。サリンジャーや村上春樹、レイモンド・カーヴァーにヘッセ、パール・バックやジョン・アーヴィング。彼らの話題にのぼる本をとにかく読みあさり、すすめられた音楽をひたすら聴いた。のちに気がついたのは、彼らも自分たちの親や年上の兄弟からの刷り込みだったということ。とにかく中学時代の友人たちからは正統派の教養を、そして過去の文化的遺産を掘り起こす楽しみを教わった。いっぽう中学時代の友人たちが光ならば、高校時代の友人たちはぼくにとっての闇の部分にあたるだろう。ぼくのかよった秋田市の商業高校はスポーツ校で、大変厳しい校風で知られていた。先生たちはみなスポーツさえきちんとできていればなにも問題はない、という態度でぼくら生徒に接し、体育会系の論理で問題が起こればぼくらをところ構わず殴った。ぼくを含めた友人たちはみなそうした学校の風土になじめず、はみ出してしまった人間ばかりだった。ぼくらはいつしか部活動を辞め、毎日放課後にひとりの友人の家に集まり、タバコを吸い、酒を飲み、音楽を聴き、ファッション誌を読み、スケートボードをすべった。ぼくが高校時代をおくった90年代前半はストリートがまさに時代の文化の主流となりつつある時代だった。DJが牽引するクラブカルチャーが最盛期を迎えようとしていて、ヒップホップやスケートボードカルチャーに影響を受けたストリートファッションが台頭し、同時に70年代的な感覚を持つ音楽やファッションも流行し出した。ぼくらはそんな時代の空気を肌で感じつつ洋服を買い、さまざまな音楽を聴きあさり、スケートボードに興じ、クラブで酒を飲んだ。高校生活は最低だったけれど、放課後は最高だった。欲望に忠実に、将来のこともなにも考えずただひたすら楽しめば良かったのだから。だがそうしたぼくらの快楽の追求の背景にはどんな感情があったのだろうか。たとえばその自宅を開放してくれていた友人も母子家庭で、母親はスナックを経営しており日中は不在だった。もうひとりの友人も関心の薄い親に対する失望をあらわにしていて、そうした家庭にも学校にも行き場のない人間たちが集まり、ぼくたちだけにしか共有できない行きづまった感覚の先にあるものを音楽やファッションやスケートボードのなかに見出そうとしていたのだと思う。

ぼくたちの満たされない愛情や社会との接点を見出せない疎外感は、パンクロックやヒップホップのアウトサイダーとしての感覚とまじわり、ぼくらはそうした彼らのメッセージや態度に共感を覚えた。スケートボード・カルチャーもそうだった。高校の同級生と時代の空気を浴び享楽的な生活を送りながら、中学時代の友人と時折会い、高尚な文化を吸収するぼくの二重生活は高校3年生になったあたりで突然終わりを告げる。高校時代の友人たちと遊ぶことがバカバカしくなってきたのだ。そろそろ将来の進路を考えなければならなかったが、友人たちはあい変わらず女の子の尻を追いかけ回したり、クラブ通いに夢中になっていた。ぼくにとってそんな生活はどうやら現実的ではなくなっていた。ぼくは次第に同級生たちと距離を置くようになり、放課後はまっすぐ家に帰り、音楽を聴いたり、ひとりで本を読むことに没頭した。かと言って中学時代の友人たちと会ったとしても話が噛みあわなくなっていた。彼らは大学進学を控え、音楽や本どころではなくなっていたのだ。ぼくは文字通り宙ぶらりんになり、内省的になり、孤立してしまった。ぼくは家にも、学校にも、友人たちのコミュニティにも、そして社会にもいつしか居場所を見出せなくなっていた。

高校時代の友人たちは引き続きなにかとぼくを誘ってくれたがぼくは彼らを意識的に遠ざけるようになり、家にこもってひたすら手当たり次第に本を読んだ。買うだけに飽き足らず、手に入らない本は町の図書館から大量に借りて、とにかく読めるだけの本をその時期に読むことを自分に課した。フォークナーやアンダスンやマラマッドらのアメリカ文学を通り過ぎ、カフカやトーマス・マンらのドイツ文学の深い森に分け入り、ホッファーやクリシュナムルティらの思索者たちの考えに思いを馳せ、日本や世界の近代史をなぞりながらこれからの人生やきたるべき世界の行く末を考えた。本は知の宝庫であり、ぼくが知らない世界の入り口だった。そして本のなかに書いてあることからこれからのぼくの人生の糸口がつかめる気がしていた。読書とは逃避ではなく、そこに実人生を投影することで、何か問いに対する答えのようなものが浮かび上がってくる気にさせてくれるものだった。もう本のなかの世界は子どものころの現実からの避難場所ではなかった。読書を通じて、ぼくはより社会と自分との関係を客観的に捉えることができた。たとえば小説を読む。ひとときその小説を読んでいる間に、主人公の仮の人生を生きることで、ぼくはそこからぼく自身の実在をつかもうとした。ニューヨークの高層ビルやシカゴの埃っぽい街頭や、明治の東京のしんとした夜のとばりや、パリのかび臭いアパルトマンの壁を想像し、その世界と一体化することによって、現実のぼくが生きている世界は生き生きと輝きだし、ぼくの人生がひらけていくような気がした。そんな体験をぼくは本や映画から見出し、なにかを得て、自分のものにしていった。現実の友人たちはぼくの前から去っていったが、その内省の時間を経て、ぼくには本というかけがえのない友だちがそのときから出来たのだ。ぼくは本のかたわらで眠り、本をたずさえて通りを歩き、本とともに世界を見た。ぼくの人生はあのとき本とともにあった。あのときの感覚をもう一度味わうことはいまはむずかしい。だが、確実にぼくのなかにあのときの感覚は蓄積され、いまもからだのなかを血のようにながれている。

小さな街で本屋をはじめた

長いながい夢のつづきを、誰も見てはいけないと咎めなかった。そこに夢があったからただ追いかけただけだ。すぐれた青春小説がそうであるように、出会いと別れがあり、そしてぼくには小さな本屋が残った。青年期を過ぎ、中年と呼ばれる年齢にさしかかったとき、ぼくはこの街の片隅で本屋をはじめたのだ。

白い息をはきながら、盛岡の街を歩く。街のなかを流れる大きな川を渡り、古い橋を越えると見えてくる小さな喫茶店に入ってコーヒーを一杯。バックパックからぼろぼろになった文庫本を取り出し、なんとなしに読みはじめると窓の外を猫が横切っていく。

喫茶店を出てどこかで用事を済ませ、川べりを歩いていると知り合いにばったり出会い、立ち話を。話しつかれて少し先の神社の近くにある喫茶店でコーヒーをもう一杯。これがぼくの暮らす街、盛岡の日常。街のあいだを流れる大きな川と、川沿いの風景。古ぼけた街のあちこちに点在するたくさんの喫茶店の息吹。どの喫茶店も個性的だからつい寄り道をしてしまう。お腹が空いたらお気に入りの店で盛岡名物のじゃじゃ麺を食べたり、蕎麦処でカツ丼を。レコード店を冷やかし、櫻山という飲食店が密集するエリアでビールを飲みながら餃子をつまんで時間をつぶし、夜は映画を観て幸せな気分で家路に就くこともできる。地方都市のなんということのない街だときみは言うかもしれない。だがこの街の持つ文学的な香りやちょうどよい街の大きさはちょっと他の都市では見当たらない。この街を歩いてみたらきっとぼくの言っていることがきみにもわかるはず。盛岡の街並みを一言で言い表すとすればそれは〝風情〟だ。趣や味わい、ながい時間をかけて朽ちていくもの。移ろい、なくなってしまうもの。そのはかなさやもろさを空気のなかに感じる街。ごみごみした喧騒とは無縁の静けさのあるなかを、猫がのっそりと横切っていく街。そんな盛岡の街の人口は約30万人。いくら風情があるとはいえ、この小さな街で本屋をはじめるなんてたぶん自殺行為だろう。本屋という商売はおそらく分母が多いに越したことはない。これだけ本ばなれが叫ばれている昨今、この街に本を好きな人たちはどのくらいいるというのだろうか。愚かにもぼくはこの小さな街で本屋を始めることになんの躊躇も戸惑いもなかった。第一にこの街には気骨のある本屋がなかった。もちろん街に本屋は何軒かあるけれど、そこから文化の香りは残念ながら感じなかった。ドキドキすることも、ワクワクすることもその場所からはいつまで経っても起こりそうにはなかったのだ。たぶんそうした役割を担っていたのは喫茶店だった。喫茶店の店主たちがイベントやコンサートを開催し、独特の文化的ムードを形成していた。だからこそ本屋が必要だと感じた。誰かにとってその場所は嵐からの隠れ家のような存在であり、消えかかっていく文化の象徴のような場所。そこには会話があり、音楽があり、なによりもたくさんの本がある場所。かつて会社勤めをしていたころ、まるで現実逃避をするようにぼくは毎晩そんな場所を作ることを夢想していた。なぜ街に本屋が必要なのだろう。誰が本屋を必要とするのだろうか。こうして本屋を営むいまもふと考えることがある。そもそもいったい誰が『ライ麦畑でつかまえて』を、『オン・ザ・ロード』を、『アメリカの鱒釣り』を必要としているというのだろう。そこに明確な答えは見つからない。本屋の雰囲気が好きだという人もいれば、なにか思いなやんでいることの回答が本に書いてある気がして本を手に取る人もいる。ひとつだけ明確に言えるのは本には人の生きた証がある、ということじゃないだろうか。そこには書いた人間の経験があり、よろこびと哀しみ、うつくしいたましいの遍歴がある。そんな誰かの見た世界を求めて、人は今日も本屋をたずねる。本のカバーを眺め、ページをめくり、活字にひきこまれる。そんな場所がたくさんある街はなんて幸せなのだろう。そしてそんな場所がどこにもない街はなんて不幸なのだろう。本が読まれなくなったこの時代、なにかを深く考えたり、不確かなものをはっきりとさせるためになにかを調べたりすることは少なくなってしまった。きみがいつも持ち歩いているスマートフォンを開けばたいていのことはわかってしまうし、そもそもむかしにくらべてぼくたちの生きるスピードは信じられないくらい速くなった。立ち止まって思索にふける余裕などぼくらにはなくて、学校や仕事や家事や子育てに慌ただしく追われて一日が終わる。きみがどこにいても何時でも仕事のメールはやってくるし、いい学校やいい会社に入るための勉強量はぼくらが学生だったころにくらべとても多いらしい。なにもせずぼんやりと夏休みをすごしたり、無為にあてもなく鈍行列車に乗ってどこかへ旅をする、ということもなくなってしまったのかもしれない。本はかつて、たとえばそのようなあてどもない時間をやり過ごすための相棒だった。午後のうだるような暑さを喫茶店で過ごすとき、コーヒーとともにある本はぼくらの思考をゆるやかにブレイクダウンしてくれたり、深い物語の森へ道先案内をしてくれたりした。本はときにぼくらの哀しみにそっとよりそい、生きる活力をあたえてくれたり、読み終えたあとの深い余韻はぼくたちの存在理由を考えさせ、よりよい世界をつくるためにはどうしたらいいのか、その問いかけの先を示唆してくれた。本は人間が〝考える葦〟であることを証明するもっともたしかな道具だった。どうしようもなくおろかで、利己的な人間たちが自然とどのように共存していくのか、あるいは自然の力にいかに翻弄され、畏怖の念をいだいてきたか、古代から綿々と書き記されてきた先人たちの考えや人間の生の証しが物語として本という形態で残されてきた。人類が長きにわたり、みずから体得した叡智や授かった教えを、言葉によって語り継いできたものがいまアーカイブとしてすべて閲覧できる、そんな時代にぼくたちは生きている。それなのにぼくらの大半はインターネットで検索した表層の情報だけで知った気になり、満足してしまう。そこに深い森が、大きな海原がひろがっているのにもかかわらず、だ。本はぼくたちがもっと深い段階へ進むための足がかりになる。ぼくたちは過去からなにを学び、そして未来にはなにが必要なのか。本は知の扉だ。過去の大虐殺も、不平等の歴史も、カーマ・スートラの聖典も、火炎ビンの作り方も、心うばわれる叙情的な古典的名作も、いまはすべてインターネットで知ることが、見ることができるというのに、なぜ本が必要なのか。それは本を読むという行為自体、きみが生きているうちにできる最高の体験のひとつだからだ。すっかり夕飯をつくるのをわすれ、無我夢中でめくったページ。夜更けから夜明けまで一気に読んでしまった文庫本の紙の匂いと、夏の朝の空気。すばらしい文学を読んだあとの、世界が変容していく感覚。読書はぼくたち人類に夢を、あかるい光を与えてくれる。そこで得た経験は、インターネットではけっしてつかむことのできないひとつの知性なのだ。ドラッグより、ゲームより、性交より、きみが享受できるもっともスリリングな体験が本を読む行為だ。そしてそうした本をすすめてくれる道先案内人が必要だ。彼なり彼女がガイドとなり、彼らの知識の引き出しからいまぼくらが必要としている読み物をすすめてくれる。そしてその本屋ではいい音楽がレコードから流れている。時には本を書いた人間がやってきて、話をしたり、写真や絵を描く人間が展示をしたりする場所。本から派生したさまざまな深い森の入り口がきみを待っている場所。ぼくはそんな本屋をこの小さな街に作るべきだと息巻いていた。

なぜこんな地方都市で本屋をはじめようと思ったのですか？　と不思議そうにたずねられることがいまでもよくあるが、ないから作ったのだ、としか答えようがない。すでにそこにあるもの、存在しているものの真似事をしても意味がないし、それはぼくのする仕事じゃない。自殺行為だと言われようが、どうかしていると思われようが、ながい紆余曲折を経て、ぼくは40歳を過ぎてからこの小さな街にほんとうに小さな本屋を作った。誰に笑われてもかまわなかった。それはぼくの人生で、生きることのすべてだったのだから。これはぼくの、ぼくだけにしか体験し得なかった物語だ。そしてその物語はいまもなお続いている。

ニューヨーク・ニューヨーク

ラガーディア空港に降り立ったのは夜22時をまわっていて、今回の旅の宿であるアッパーウエストサイドのYMCAに到着するころには深夜になっていた。YMCAに荷物を降ろし、サンドイッチとビールを買おうと近所にあるデリに向かうことにする。YMCAのカビ臭く重厚なドアを開くと、はじめに耳をつんざくような街の喧騒があたりに響きわたっている。クラクションと車体が張り裂けそうなくらいうるさく鳴り続けるヒップホップ。ネオンのけばけばしさと、ずるがしこく車と車のあいだを自転車で走り抜けるメッセンジャーたち。長時間のフライトでぼんやりしている頭に遠近感が麻痺するくらいのダイナミズムでニューヨークの街がせまってきてクラクラする。ようやくデリに辿り着き、ペストリーとサンドイッチ、ビールを買おうとするとヒスパニック系の爺さんにＩＤ（身分証明書）を見せろと言われる。なるほど、日本人は幼く見られるというのはほんとうらしい。どうやらぼくは未成年に見えるようだ。パスポートを見せると爺さんはすまない、失礼したと言いながら苦笑いしていた。食べ物や飲み物の入った紙袋を受け取り、ブロードウェイを歩いて西63丁目の宿に戻る途中、通りにハラル料理の屋台が見えた。噂に聞くニューヨークのストリート・フード「チキン・オーバーライス」が食べられる屋台だ。しばらく屋台の前に立ち尽くし、ぼーっとメニューを眺めているといつの間にか屈強そうな男たちがぼくを取りかこんでいた。ただ注文の列に並びたかっただけだと思うのだが、言いようのない恐怖を感じ、その場をはなれ急ぎ足で宿に戻る。テレビとシングルベッドしかない部屋に戻り、無言でビールを飲み干すとようやくぼくはどうやらほんとうにニューヨークに来てしまったらしいと実感した。ぼくはこれから日本の地方都市に本屋を開業するひとりの日本人で、洋書を買い付けるためにこの街にのこのこやってきたのだ。これから1週間この街に滞在し、東京の本屋の友人に教えてもらったリストをたよりに古書店を回る予定だった。知り合いもツテもなく、良い本を買い付けできるという保証もない。ほんとうに買い付けなどできるのだろうか。本屋を開業すると決めてから、トントン拍子で物件の契約や内装工事の打ち合わせを進めてきて、もう後戻りなどできなかった。あとはしかるべき場所に本を置き、店を開店するしかない。

その夜は時差ボケと興奮で一睡もできず、気がつくとスマートフォンの時計は朝4時をまわっていた。それからしばらく布団のなかでもぞもぞしていたが結局眠るのをあきらめ、早朝のマンハッタンを散歩することに決めた。秋のニューヨークが朝晩かなり冷え込むことを教えてくれたのは東京で本屋を営む友人だ。アウトドアジャケットを着込んで、早朝の街路に出ると街はまだ半分眠っていた。通りを行き交うのはゴミ収集車のトラックとヘルメットを被り自転車でオフィスに向かうビジネスマンだけ。ぼくはほとんど人気のないセントラルパークをひとりダコタハウスに向かって歩いていた。なにせぼくの宿からセントラルパークまでは1分とかからない距離だったのだ。その朝は今までに感じたことのない自由な空気に満ちていた。どこまでも清らかで神聖であたらしく、厳かで希望にあふれた遠い国の朝。昨夜の不安はいつしか消え、どこまでも歩けそうな気がしていたし、どこまでも可能性が開けてくるような気がしていた。ニューヨークがぼくを祝福している。思い込みもいいところだが、ダコタハウスから引き返し、コロンバス・サークルに向かって歩きながらぼくはそんなことを考えていた。そう、あのとき確かにニューヨークという街はぼくを受け入れ、ぼくのあたらしい人生を祝福してくれているような気がした。

結局寝不足のまま始まった買い付け初日は、まずニューヨークにやってきたらどうしても行きたかった店に向かうことに決めた。その店の名は「バーニー・グリーングラス」。アッパー・ウエストサイドにあるいわゆる老舗のデリカテッセン（日本でいう総菜店か）で、ぼくはウディ・アレンやノーラ・エフロンの映画でこの店の存在を知った。ぼくにとってニューヨークという都市への憧れは尋常ではなかった。フィッツジェラルドやカポーティを読んで想像を膨らませ、常盤新平や植草甚一の本で実在の通りの名前を覚え、ウディ・アレンやカサヴェテスらが撮った、それこそ無数にあるニューヨークを舞台にした映画で街の雰囲気を知った。だから40歳を過ぎてはじめて降り立ったこの街は、まるでむかしから知っていた街のようにぼくになじんだ。通りや街区の名前、建築物や公園、そして料理店など映画や雑誌で見聞きした記憶がなんとなく頭のなかに入っていて、日々の街歩きはそうした記憶のなかにある固有名詞を反芻するだけでよかったのだ。

あいにくアムステルダム・アヴェニューにあるその店は電気系統のトラブルのため、臨時休業だった。仕方なく隣にある「KIRSH」というレストランで待望のアメリカン・ブレックファーストを食べ、スターバックスで時間を潰したのちにブロードウェイ沿いにある「ウエストサイダー・ブックス」の前に立った。傾きかけたファサード、入り口にあるバーゲンブックの山。店内に入ると2階までギッシリと詰まった本、本、本。古ぼけたビートルズのポスターが貼ってある壁。カウンターに誇らしげに飾られた店主とウディ・アレンが写っている写真。そうだ。ウディはこの店の常連なんだっけ。とりあえずかたっぱしから棚を眺め、これはという本を物色していく。小一時間滞在してふとかたわらを見るとすでに30冊以上引き抜いていた。一軒目からこの調子はさすがにマズイと思い、19冊に絞りカウンターに持っていった。そして東京の本屋の友人から教えてもらった通り、店主に「ぼくは日本で本屋をやっています」と伝えた。どうやらアメリカでは同業者割引が受けられるのだという。店主はぼくがいまにも転びそうなくらい抱えてきた本の山を一冊一冊たしかめるように見ながら、ピーター・マックスは知ってるか？　と聞いてきた。知っているもなにも、ぼくはピーター・マックスのレアなTシャツを持っていますよ、と伝えると店主は相好を崩し近所に住んでいるらしいピーター・マックスの話をうれしそうにはじめた。そして最後に「はい、おまけ」と言ってかなりのディスカウントをしてくれた上に店のオリジナルTシャツを一枚タダでくれた。ぼくは一軒目からニューヨークの本屋の佇まい、その経営スタンスに衝撃を受けた。ぼくが本を物色しているあいだ、次から次へとお客さんが入ってきて、店主と話をしていく。その話題は本の買い取りに関することから天気の話、世間話にまで及ぶ。ある人はコーヒーのタンブラーを持ち、ある人は犬を連れ、ある人は全身タトゥーの入った格好で店主と楽しそうに会話をしては去って行く。その間、じつに本は一冊も売れていない。それなのになんだか店の雰囲気はピースフルでギスギスした空気はどこにもなくて、とにかく居心地がいい。本屋というのは街のなかのハブの役割なのだと気がついた。人びとがそこに集い、情報を交換し、様子が変わりないか確認をしてまた出て行く。コミュニティのなかのひとつの機能としての存在。おのずとその役割を本屋が担い、街のなかに身を置いている。その素晴らしさは日本の本屋では体験したことのないものだった。あの仏頂面した店主やヤニ臭い店内のイメージはどこにもない。この空気感をぼくは自分の住む街に持ち込みたいと思った。これだ、と。経営うんぬんはともかく、この感覚、このスタイルこそぼくが体現すべき本屋の雰囲気だ。そうしたムードを体感できただけで、はるばるニューヨークに来た甲斐があったというものだ。その後約1週間の滞在でぼくは80冊近くの洋書を買い付けた。こんな風に簡単に書いているが、まあ大変だった。なにしろハードカバーの本は重い。おまけにアートブックや写真集の割合が多かったから大判の本ばかりで、本屋から宿、宿から日本へ荷物を発送する窓口のあるニッコーホテルを何往復もしていると、夕方には肩がずきずき痛み、腰はだるく、足は棒のようになっていて、宿に戻ると死んだようにねむった。いまあのときの買い付け旅行を振り返ると、Uberを使って移動したり、荷物はキャリーケースで運搬したり、もっと楽にできたはずだと思うけれど、ニューヨークの街をとにかくなりふりかまわず汗だくで駆けぬけたあの経験がなければ、ぼくのなかに深く刻まれた本への思いはまた違ったものになっていたはずだ。インターネットで容易にお目当ての本が検索できるこの時代に、野生の感覚をたよりにひたすら碁盤の目のような街のなかをただよい歩き、良質な本を探すことはモノにひとつの物語を宿す。その本はラファイエット・アヴェニューのあの本屋の棚にあった、とか雨ざらしになっていたバーゲンブックのなかから救出したんだ、とか、本にナラティブが生まれ、その本が流れながれてきみの目の前にあるという不思議。そうした物語性はオークションで容易に競り落とした本にはないもので、それこそぼくたちがこの飽和した消費の時代に求めているものじゃないだろうか。かつてぼくは松浦弥太郎さんが経営する「COW BOOKS」をはじめとした90年代後半から2000年代前半に存在したインディペンデントな古書店でそうした経験をしたことがある。必ず一冊の本にはストーリーがあった。アメリカのどの都市にあるなんという本屋で探し当てたものなのか。松浦さんの紹介する本の背景には、かならずそうした物語があり、本屋の店主の息づかいが宿っていた。時代はながれ、いまあの本屋が持つ物語性のようなものはどこかへ消えてしまった。容易にAmazonやAbeBooksで検索をして、コンディションを比較しそれなりの価格のものをすぐに世界中から探せる時代に、あの魔法のような、本を買う以上に価値のある経験はもうどこにもない。ぼくが小さな地方都市で資本力もコネもない本屋をはじめるにあたって提供しようと考えた付加価値はあの物語性だ。一冊の本に宿したひとりの人間の思い。ほうぼうを駆けずり回って見つけた本の持つ、不思議な磁力。無数に並んだ無味乾燥な商品の群れにはない、血の通ったモノだけが持つ、人間性のようなもの。ぼくの本屋にはそうした本だけを並べようと本気で考えていた。

ぼくにはこれしかなかった

本屋に霊感を与えるものとはなにか。手作り風の内装？　店主の気の利いたジョーク？　あるいは淹れたての美味しいコーヒー？　そのどれでもない。餅は餅屋、本屋は本が命だ。すぐれた本を仕入れて売る。本屋をはじめるにあたって、ぼくが考えていたイメージはすぐれた本だけを置いている本屋だった。すぐれた本とはどんな本か。過去のすばらしいアートやデザイン、先人たちが遺したメッセージのようなエッセイや小説。現行で出版されている新刊本ではなく、そうした選りすぐりの古書だけを置く本屋を作ろうと考えた。山積みになった本の中からこれはと思う一冊を探し当てるのが古本屋の楽しさでもあるのだが、ニューヨーク買い付けの際に出会った古本屋「MAST BOOKS」は驚くほど本の数が少なく、そして徹底的に厳選されていて、まるでセレクトショップのようだった。MAST BOOKSの格好良さに衝撃を受けたぼくは、予算的にも他店と差別化を図る上でもこの店の路線で行こうと決めた。他店とはつまり全国のインディペンデントな本屋を意味する。はじめから盛岡だけで商売をするのは限界があると考えていて、オンラインストアを稼働させることは必須だった。ということは他のオンラインストアを持つさまざまな本屋よりもなにかひとつ抜きん出ている魅力が必要だった。一体どうやって全国の本好きにぼくの店を発見してもらえるのだろうか。ある日、深夜に公共放送のテレビ番組を観ていてその答えが降りてきた。そのころのぼくが好きで観ていたその番組は、72時間ある場所をドキュメンタリー形式でひたすら撮影し、追いかけるという趣旨だった。ぼくはなるほどと膝を打った。つまり人はストーリーのあるものに共感し、感動するのだ。一軒の本屋が出来るまで、一冊の本が本棚に並ぶまでがドキュメントされていたらどうだろうか。ぼくは早速ニューヨークへの買い付け旅行、自分の本屋が出来るまでをインスタグラムでドキュメンタリー形式でポストすることにした。空港での旅立ちから買い付けの道中を、内装工事や什器と本の搬入、ショップカードを自分で印刷するまでを徹底的にドキュメントとしてポストした。そうすると少しずつ、フォロワーがぼくのすることに関心を持ってくれるようになり、リポストしたり拡散してくれるようになった。そのようにして少しずつぼくの店「BOOK-NERD」はオープンにむかって動き出した。

本屋をはじめるにあたってもちろんお金が必要だった。資本金としていままでの貯金を充てることもかんがえたが、事業と家庭のお金は明確に分けるべき、との当時の妻の一言で日本政策金融公庫から400万円の融資を受けることにした。いままでそんな大金を借りたことはない。ましてや地方都市で本屋をはじめるなんて馬鹿げた計画に対して融資してくれるのだろうか。事業企画書を作り、おそるおそる盛岡の支店に出向き、担当者に必死になってぼくの半生を話し、これからのヴィジョンを伝えたところ、それまでの会社員時代のプレゼン経験が役立ったのか、すんなり審査は通り無事融資を受けることができた。海外買い付けに加え、その資金を元手に東京の神保町を回り、日本の貴重な写真集やアートブックを買い揃えた。同時に店舗となる物件の賃貸契約、店舗の内装を進め、本と一緒に置く予定だった雑貨の仕入れ先とのコンタクトを取りながら、ロゴマークやホームページなどのプロモーション周りの準備を進め、2017年10月6

日にぼくの店BOOKNERDは無事オープンした。BOOKNERDという店名は直訳すると「本オタク」という意味だ。店名に特に大きな理由はなく、なんとなく響きのポップさで決めた。当時ファッションデザイナーのマークジェイコブスが原宿に「BOOKMARC」という本屋をオープンしたり、ニューヨークに買い付けに行った時にオークランドの「BOOK／SHOP」のニューヨーク店をのぞいたりしていたから、よくある「～BOOKS」ではなく、「ＢＯＯＫ」からはじまる覚えやすいキャッチーな名前にしたかった。それに、本オタクの店主のいる店、という触れ込みはなんとなくわかりやすくていいだろうという考えもあった。知人友人が至るところでオープン日を告知してくれたり、インスタグラムを通じてぼくの店を知り、オープンを心待ちにしてくださった方々がオンラインストアで早速買い物をしてくださったり、敬愛する編集者の岡本仁さんがオープン翌日にふらっと来盛し、ぼくの店をインスタグラムで紹介してくださったり（のちに岡本さんはぼくの店のためにわざわざ来盛されたことを知った）、ＳＮＳの効果もありオープン初月の集客は上々で、ちょっとびっくりするくらい実にたくさんのお客様で店内もオンラインストアも賑わった。売上から仕入、諸経費を差し引いた営業利益もこのままいけば全く問題なく生活していけるくらいの金額が手元に残り、ぼくは正直有頂天だった。自分の価値観やセンスがたくさんの人びとに受け入れられ、彼らはその対価としてお金を払ってくれたのだ。なにかを誇張したり、自分が到底良いとは思えないものを紹介して売って作ったお金ではなかった。なによりもこの人口30万人くらいの地方都市で、喜んで本を買ってくれる人がいるということが驚きであり、大きなよろこびだった。毎日店のことを考える時間や店のために働く時間はとても有意義な、生きた時間だと心から思えた。毎朝店に行き、掃除をし、本をならべ、正午に店を開ける。毎日が生き生きとして活気に満ちていた。

ニューヨークから買い付けてきた本は文字通りキラキラしていた。棚に面出しされた本たちは、だれかが手に取るのをいまかいまかと待ち構えていた。そうした本たちに囲まれ、過ごす毎日はなんともいえない楽しさに満ちていた。だがやがて2ヶ月が過ぎ、3ヶ月が過ぎようとしたころ、その楽しさに陰りが見えた。お客様は目に見えて減りはじめ、売り上げゼロ、という日も多くなった。おそらくオープン当初はもの珍しさもあったのか。つまり飽きられたのだと考えるのが正しいだろう。いま振り返ると当然といえば当然だった。洋書や古書に関心のある人たちの割合はけっして多くはない。おまけに店の売りでもあったニューヨークで買い付けてきた洋書がスピーディーに入れ替わるわけでもなく、ひとりの客が頻繁に店に通う理由がなかった。ぼくは現代の情報消費スピードの速さに身震いがした。ぼくはまさにそのスピードに取り残され、消費されようとしているひとりだった。毎月の支払いのやり繰りに苦しみ、毎朝目を覚ますとため息をつくようになった。売上を捻出することに追われ、店に座っていてもなんだか張り合いがなくなってしまった。素晴らしい本が揃う、文化を発信する場所にしたいという初志はどこかに行ってしまって、請求書とにらめっこをする日々が続いた。資本金はみるみる減り、毎月納めるはずの金額を家に入れられなくなって、妻との関係もどこかギクシャクしはじめた。この状況を変える術がとにかく必要で、風向きが変わるのを待つのではなく、自ら風向きを変えなければならないと感じていた。ぼくにはもうこの店しかなかった。この店にしがみついて、自分の生き方を貫く必要があった。そのころのぼくは最初の起業のことを思い出していた。あのときの挫折。にがにがしい記憶。あの失敗からぼくはなにを学んだのか。おまえはまたすぐにいつもの癖であきらめて、逃げようとするのか。これがほんとうにおまえのやりたいことではなかったのか。自問自答をしながら、打開策を毎日必死に考えた。もういままでのように投げ出すことはできなかった。いい加減で、中途半端にいつもいやなことがあればすぐに逃げることを考えてきたぼくにとって、もう逃げ道はなかった。これはぼくの好きなことで、この仕事がぼくにとっての生きがいになるものだったからだ。ぜったいに今回だけはぼくは逃げるわけにはいかなかった。ぼくにはこれしかなかったのだから。

いびつで、不ぞろいで、間に合わせのような店

朝8時に目を覚まし、2匹の犬たちの散歩に出て朝食を食べたあと、午前中はパソコンに向かい事務作業や仕入れを行い、シャワーを浴びて自転車で店まで行く（店は自宅から自転車で数分の距離にある）。正午に店を開け、19時までの営業時間内に入荷した本の陳列やオンラインストアで売れた本の発送、SNSにアップする本の紹介文を作り写真を撮る。本屋になったぼくの一日は大体がそんな風に過ぎていった。さも忙しそうに書いているが、オープンして数ヶ月が過ぎたころからたいがいがヒマで、仕事が終わってしまうと本を読んだり、ネットサーフィンをしたりして過ごしていたように記憶

している。大盛況に終わったオープン直後から徐々に下降線を辿っていった売上は依然として低空飛行を続けていたが、ぼくなりに状況を改善しようとスピーディーに対策を講じていた。まずは古本だけの品揃えからセレクトした新刊本を仕入れ、販売することにした。

正直なところ、新刊本の粗利率は自分の裁量で、ある程度の粗利を設定できる古書にくらべとても低い。だから必然的に物量を売らなければ商売としては成立しないため、二の足を踏んでいたのだけれど、背に腹は替えられなかった。実店舗の売上を担保していくことを考えた場合、この小さなマーケットで古本が好きなお客さんに特化した商いをするよりも、本が好きな人びとに幅広くアピールするほうがずっと理にかなっていた。それになにより新刊本はサイクルが早い。新しい本が店先に並ぶことによりお客さんに来店回数を増やしてもらいたかった。おまけに仕入れの範囲が広がることにより、ぼく自身もセレクトするのが楽しかった。ベストセラーやビジネス書は基本的には置かない。過去の名作やこれはと思う良書、自分のアンテナに引っかかった本だけをセレクトして本棚に並べることを課した。ぜんぶ読み切るのは困難だったがまずは自分が読んでおもしろいと思う本だけを、自分の目の届く範囲内の物量で展開することにした。

次に、トークイベントや展示などを店内で精力的に開催し、常になにかしらおもしろいことをやっている店というイメージを地元の人びとに植えつけ、人が集まる動機に繋げようとこころみた。常になにかが催されている店。それを継続していくのは大変だが、とにかく動き出すことにした。作家や出版社、知り合いにかたっぱしから声をかけ、まずはオープンして2ヶ月後に東京の駒沢にある本屋「SNOW SHOVELING」の店主中村さんを盛岡に呼び、ポップアップ・ストアと彼とのトークイベントを開催した。なにを隠そう、中村さんはぼくの恩人であり、友人であり、メンターのような存在だ。BOOKNERDを開店する前に彼の店を雑誌で読み、彼が定期的に主にニューヨークに本の買い付けに行っていることを知った。そこで図々しく彼の店に押しかけニューヨークのおすすめの本屋を教えてもらったり、本屋をはじめる上でのさまざまな助言をもらったりするうちに定期的に連絡を取り合うようになっていた。だからオープニングイベントは彼を呼ぶ以外に考えられなかった。SNOW SHOVELINGという本屋の魅力もあってか、トークイベントの定員30名はすぐに埋まった。トークは惨惨たる内容でいまにして思えば本当に恥ずかしい。中村さんとどんな話をしたのかあまり覚えていないが、ロクな打ち合わせもせずにとにかくまくし立てるように喋ってしまい、彼の魅力や伝えたい要旨をまったく引き出せなかったような気がする。ところが予想に反してお客さんは物珍しさもあってか、好意的に受け止めてくれ、イベント当日はグッズや本が良く売れた。そのトークイベントに気を良くしたのか、それから次々に企画展やトークイベントを仕掛けた。数ヶ月後には大好きな安西水丸さんの作品展を開催すると、盛岡で安西水丸の作品が観られる、と実にたくさんのお客さんで賑わった。その安西さんの展示を見にきていたおじさんが毎週のように店に来るようになった。彼は本を買うわけでもなく、ぼくがニューヨークで買い付けてきた洋書をとてもなつかしそうに目を細めて読んでいく。何度か会話を交わすうちにそのおじさんは杉本さんといい、岩手では著名なグラフィック・デザイナーであることがわかった。それから杉本さんとの不思議な交流がはじまった。毎週のように杉本さんが自身の蔵書を小出しに持ってきては、ぼくが買い付けるというおかしなやりとりがはじまり、そのうちに杉本さんは段ボールいっぱいの本や雑誌を持ち込むようになった。杉本さんはそろそろ終活にむけて蔵書を整理したいのだと言っていたが、彼が持ってくる本はどれも素晴らしいものばかりだった。ある日うちの店に置いてあったポパイの創刊号を見つけると、杉本さんは思い出したように、そういえば我が家にポパイ、ブルータスのバックナンバーが売るほどあるよ、と言った。しかも聞くところによると70年代から80年代、90年代はじめくらいまで、ほぼ毎号欠ける事なく揃っているという。ぼくは家に帰って風呂に入ると、湯船につかりながら今日杉本さんと話したことを反芻し、あることを思いついた。そして次の日、杉本さんにバックナンバーをぼくが必要な分だけすべて売ってくださいとお願いした。そのバックナンバーをもとに作り上げた「POPEYEとBRUTUS、ぼくらの時代展」というオリジナルの企画展はその年の3月の終わりから4月にかけて開催し、たくさんのお客さんで賑わった。その企画展は杉本さんが売ってくださったポパイ、ブルータスのバックナンバーを中心に据え、1960年代から現代まで脈々と続く雑誌文化を総括するような内容にした。アメリカのエスクァイアなどから平凡パンチへ、そしてホール・アース・カタログというアメリカの雑誌からメイドインUSAカタログが生まれ、ポパイが創刊、ポパイから派生してブルータスが生まれ、リラックスが創刊され、ポパイがリニューアルされる。雑誌文化全体を俯瞰するには偏りはあるが、ほぼほぼマガジンハウスの雑誌の変遷を一覧できるような展示だった。おまけに展示されている雑誌をすべてペラペラと読むこともでき、購入することもできた。むかしのポパイを読んで西海岸の文化に影響を受けたであろうオジサマ方から現行のポパイを読み込んでいるであろうシティボーイかぶれの若者まで、さまざまな層のお客さんが入れ替わり立ち替わり来店してくれた。現代のカルチャーを形成している過去のすぐれた文化的遺産を伝えること。ぼくは実にBOOKNERDらしい企画だと思った。それからもさまざまな企画を店で実施した。本屋なのにDJセットを入れ、DJがレコードをかけながら作家の展示のオープニングパーティーをしたり、短編漫画を引きのばしてまるまる一編展示するというイベントも開催した。お客さんが集まることはもちろん重要だけれど、企画に関してはとにかく面白そうなこと、ひとつでも心に残ることがあればそれで十分。なにかを伝える、ということに重きを置いて開催している展示やトークイベントはいまもなお毎月かならず続けている。刺激と程よい緊張を与えてくれるそれらは、お客さんに楽しんでもらうのはもちろんだけど、なによりぼく自身にとっての楽しみでもある。そうこうしている間に新刊本も徐々に本棚に収まりきらないくらいに増え、オープンした当初にくらべ随分と本屋らしくなってきた。ぼくが当初思い描いていたニューヨークのMAST BOOKSのイメージからは遠く離れてしまったけれど、べつにそれでよかった。かっこいいことを続けるのがぼくがやりたいことではなかったし、むしろ四苦八苦しながら、かっこ悪いところもぜんぶ見せながら店を続けていきたかった。いつのまにか、いびつで、不ぞろいで、間に合わせのような店ができていた。その未完成なところこそぼくだった。ようやくぼくの店らしくなってきた。

生きのびる方法をさがして

エポックメイキングな出会いとは必ずしも劇的だとは限らない。たまたま出会い、はじめは交わることのなかった線がいつしか交わりあい、濃く太いつながりに発展していることがよくある。それは出会うべくして出会ったのか。もしくは偶然が必然に変わったのか。出会ったあとには知る術もないが、本屋をはじめたものの四苦八苦しながら悶々とした毎日を送っていたぼくに、人生を大きく左右する大きな出会いがふたつ待ちかまえていた。

新しい年、2018年がはじまった。オープンして3ヶ月経ち、古本だけだった品揃えに新刊本の取り扱いを加え、企画展やトークイベントを継続的に催すことにより、ようやく売上が最悪な状況を脱しつつあった。新刊本もコンスタントに売れ、古書も特にオンラインストアを中心に手堅く売れていた。だが正直なところそれだけでは食べていけなかった。経費や家賃を払って、いいところトントンかすこし赤字になるくらい。オープンして3ヶ月でまあ当たり前といえば当たり前の状況だったが、ぼくに数ヶ月持ちこたえる資金的余裕はなかった。金融公庫から借りた資金はニューヨークへの買い付けの仕入れと旅費、それに開業時の什器や内装費にほとんど消えていた。わずかに手元に残った資金でなんとかやりくりしても、たかが知れていた。退路も絶たれ、生殺しのような状況で毎日を送っていたところ、インターネットでアメリカの本屋がどのようにして生き残っているかを調べてみることにした。さまざまな店の経営スタイルを調べていくうちに、うまくいっている（うまくいっていそうな）本屋はマーチャンダイズに力を入れているのがわかった。マーチャンダイズ。つまり、その店のオリジナル商品を開発し、販売しているのだ。トートバッグやTシャツ、キャップやピンバッジ。中には本格的にアパレルを展開している店もあった。なんとなく訪ねてきた人が本に関心がなかったとして、本を買わなくても、なにか持ち帰れるもの。オンラインストアを利用してくれるお客さんがその店を支持している意思表示ができる買い物。トートバッグやオリジナルグッズを買う、という行為はなんとなくその店を支持するという表明の代わりのような気がしないだろうか。そうした商品を製作し、販売することがとても意味のある行為のような気がしてきた。そこでかねてから考えていたことを実行に移すべく、ぼくの郷里である秋田市の「6jumbopins」の京野さんにコンタクトをとることに決めた。

6jumbopinsとは秋田市在住の京野誠さんのお店で、Tシャツやトートバッグを自身の工房兼店舗でプリントし、下請け製作するだけでなく、実にユニークなプロダクトを自身でも製作し販売していた。たとえば秋田市にある老舗中華料理店「盛」の名物料理「レバニラ定食」をイメージした「LVNR（レバニラ）」Tシャツを作ったり、秋田犬や山菜をモチーフにしたトートバッグやTシャツを作って販売したりしており、いずれも全国に流通させ、ヒットさせていた。

京野さんとはぼくが店をはじめる前に彼の店にお邪魔したことがあり、一度だけ面識があった。そのときに、必ず自分の店のオリジナルグッズを作るときには6jumbopinsにお願いするから、と約束していたのだった。まずは京野さんにオリジナルのトートバッグの製作をお願いすることにした。イメージは決まっていた。シンプルに「NER

D」とだけデザインしてほしいと頼んだ。「BOOKNERD」という店名にこめたぼくの思いは「NERD（ナード）」であることのかっこよさ、つまり〝オタク〟はカッコいいんだ、というメッセージだった。なにかひとつのことをとことんまで突き詰めることのすばらしさ、そしてなりふり構わず、ときには食うや食わずでなにかを探求するオタクこそ、世の中を変える原動力を持っているとぼくは思っていた。だから今回オリジナルグッズとして製作するトートバッグは、「NERD」であることのかっこよさをみんなに気づいて欲しかったし、そもそも「NERD」でいる人たちへそのままでいいんだ、というメッセージを込めたかった。

急ピッチで製作してもらったオリジナルトートバッグは開店から4ヶ月後の2018年1月の終わりにひっそりと発売された。はじめは低調なスタートで知人を中心に数枚しか売れなかったが、2月に入り少しずつオンラインストアを中心に販売数が伸びはじめるとインスタグラムのいわゆるインフルエンサーがこのトートバッグに着目し、彼らが持ちはじめてから販売数が飛躍的に伸び、「NERD」トートバッグは結果的にひと月に100枚以上売れるヒット商品になった。その勢いは衰えることを知らず、その年の終わりまでになんと600枚を超える大ヒットを記録した。トートバッグが京野さんのところから届く。それらを一枚一枚梱包し全国に発送し、在庫が底を突くとまた京野さんに注文する。数ヶ月間は本どころではなかった。ひたすら毎日トートバッグの梱包、発送に追われて過ごした。そのころ、ぼくは本屋ではなくトートバッグ屋になった。つまり本よりもトートバッグが売れている店だったのだ。その事実に関してジレンマを感じなかったわけではない。だが、結果的にそれはそれでよかったのだと思いたい。トートバッグを売ることがぼくが生きのびる手段になり、その収益を原資にその年に海外へ買い付け旅行に行くことができた。なによりもそのトートバッグがぼくの店を多くの人に知ってもらうきっかけを作ったのだから。さらに言えば、本に興味関心のない多くの人が本ではなくトートバッグを目的にうちの店を知り、トートバッグを買ってもらったとしてもそれは本を愛する人間を結果的に支援していることに繋がる。つまり、本に関心のない人が買ってくれた一枚のトートバッグの収益を元手にぼくは良い本を仕入れる。その本を本好きの人間が購入するというサイクルが出来上がれば、ぼくの店は存続でき、本好きも良い本を読めるというわけだ。現代の本屋の収益構造からすると、本以外の収益源を複合的に展開するという手法はごく当たり前のことだったのだけれど。ぼくは手探りで一つ一つそうした金脈を探り当てていったわけだ。とにかく思いもよらない形でぼくの店は発展存続をする糸口をつかみかけていた。本を売ることとマーチャンダイズの展開。そして企画展の開催。ぼくの店はそのように暗くながい道をのっそりと進みはじめた。なによりもすばらしいトートバッグをデザインしてくれた京野さんには心から感謝している。あのトートバッグがなければ、いったい今頃ぼくはどうしていたんだろうと考えると恐ろしくなる。

もうひとつの大きな出会いはBOOKNERDのオープン当日に訪れていた。オープン当日は実にさまざまな人がやってきた。店を営む人、知人友人、さまざまな人が出入りしたなかでひとり印象的な女の子がいた。彼女はぼくがお世話になっている東京の編集者と共通の知り合いの友人がおり、その友人からすごい店が盛岡にオープンするからオープン当日に行くように、と言われて来たらしい。丸眼鏡をかけ、まるで中学生のように見えるその小さな女の子はおどおどしながら店に入って来て、本には目もくれずまっすぐにぼくの座っているカウンターにずかずかと歩いてきた。そして名刺と自費出版したという一冊のZINE、そしてなぜか洋梨をくれた。彼女はくどうれいんと名乗った。そして手渡されたZINEのタイトルには『わたしを空腹にしないほうがいい』と書かれていた。

いつのまにか本を作っていた

くどうれいんとの初めての出会いは正直なところ、ぼくになんの感慨も残さなかった。実は彼女からもらった自主制作版のZINE『わたしを空腹にしないほうがいい』も読まずにテーブルの上に置き、積み上げられた本のなかにいつまでも紛れていて、ぼくがみずからの意思で読むことはないだろうと思われた。彼女と挨拶を交わしてから数ヶ月が過ぎ、あわただしい毎日を送っていたころ、夕食を食べながら当時の妻が突然『わたしを空腹にしないほうがいい』がとても面白かったと言った。素晴らしいよ、あのZINE、と。あっという間に読めるからだまされたと思って読んでみて、と言われ夕食を食べたあとしぶしぶＺＩＮＥを開き読んでみると、信じられないくらい最高だった。こんなにセンシティブですぐれた言語感覚を持った女の子が盛岡にいることに驚き、そして嬉しく思った。すぐに彼女からもらった名刺の連絡先にコンタクトを取り、きみのＺＩＮＥをもしよかったらうちの店で取り扱いたいのだけれど、とお願いしたところ、ちょうどタイミングよく彼女も行きづまっていて、彼女自身がＺＩＮＥを手売りしていたもののある程度の数が売れた段階で動かなくなってしまい、困っていたところだったと言う。そのころ、ぼくの店は例のＮＥＲＤトートの大波が来ていて、オンラインストアは連日大盛況だった。不思議なことにトートバッグと一緒に本も売れ出し、インスタグラムのフォロワーも日増しに増加していた。そろそろトートバッグを売ることにあきていたぼくはまだ誰にも知られていないまったく未知の才能を紹介し、本をじっくりと売りたかった。くどうれいんの『わたしを空腹にしないほうがいい』はそんな状況にぴったりの一冊だった。彼女からすぐにＺＩＮＥを卸してもらい、インスタグラムで紹介文を書き、オンラインストアにアップしたその日、夜中から明け方にかけてぼくのメーラーはオンラインストアでアイテムが購入されたことを知らせる通知が鳴りやまなかった。紹介して１ヶ月もしないうちに彼女のＺＩＮＥは完売した。そうこうしているうちに、彼女の手持ちの在庫も底をついた。当然増刷するのだろうと思っていたが彼女はそうしなかった。実はあのZINEは売価設定をあやまり、赤字すれすれの収益構造で、売れば売るほど手間ひまだけがかかってしまうことが彼女が増刷しない理由だった。その後もぼくのオンラインストアに連日『わたしを空腹にしないほうがいい』を求めるリクエストがひっきりなしに届いた。その頃、京都の「誠光社」や名古屋の「ON READING」などインディペンデントな本屋が自ら本を編集し、出版する動きが盛り上がりを見せていた。ぼくにはそうした動きは本屋として生き残っていくための必然と思われた。本を売ることだけでは残念ながら本屋は食べていくことはできない。古本はともかく、新刊本では粗利は3割がいいところだった。つまり1冊1000円の本を売っても、300円にしかならない。そもそも本を求める人自体の母数が減っているいま、数を多くさばくことはとても難しい。ふたつ目、みっつ目の食いぶちを作ること、つまり複合的な収益構造を作ることにより、本屋はなんとか食べていけるのだとトートバッグを売ることでぼくはようやく気がついた。

ある日、風呂にはいっていて（なにかを思いつくのはたいてい風呂にはいっているときだ）、ぼくはあることを思いついた。次の日、早速くどうれいんに連絡を取り、店に呼び出した。彼女に興奮気味に提案したのは、『わたしを空腹にしないほうがいい』をうちの店で改訂版として出版しないかということだった。つまりBOOKNERDが版元としてはじめて本を出版する、ということだ。彼女はとても喜んでくれたが、すぐに「嬉しいんですけど。でも…」と顔をくもらせ、「本を出すのはいいのですが、ぜんぜん売れなくて、もしもBOOKNERDがつぶれたら、それは責任を感じます」と真顔でそう言った。ぼくはせいいっぱいの笑顔で「いやいや、そんなことにはならないから。大丈夫」と笑った。彼女は最後まで心配していたが、とにかく『わたしを空腹にしないほうがいい・改訂版』のプロジェクトはそのときから動き出した。じっさいそのときは作り笑いをしていたが、実は心のなかではさて、どうしようという状況だった。というのもトートバッグは順調に売れていたが、その収益は店を回していく資金に吸収され、とても上がりを本を作るための軍資金に回せる状況ではなかった。ぼくの店はオープンから半年が過ぎたものの、文字どおりの自転車操業を続けており、資金は底をつきかけていた。それなのに本を作ろうと息巻いてしまったぼくはどうかしていたのかもしれない。ただ、彼女の本を読んで、読んだ後に残ったさわやかな感動を誰かに伝えられなくなるのがとても悲しいと思った。この世に彼女の書いたものが存在しなくなるのがさびしかった。それはやむにやまれぬ衝動というものだ。なにかを作らずには、はじめずにはいられない。売れるかどうかなんて正直わからなかった。とにかく初期衝動を大事に、動きはじめることにした。

本を作ることが決まってから、ぼくは日本政策金融公庫にふたたび金を借りに行った。創業してまだ半年の店に追加融資などしてくれるのだろうか。ぼくは担当者にできる限り誠実に本を作ろうと考えていること、内容もさることながらＺＩＮＥの販売実績を引き合いに出し、（そんな確証はどこにもなかったけれど）出版さえできればヒットが期待できることを伝えた。融資の審査の結果は数週間後だった。やれることはやった。あとは神に祈るしかなかった。

今回本を作るにあたって、まったく本作りをしたことのないぼくは道筋を照らしてくれるガイド役が必要だと感じていた。つまり、ぼくやくどうれいんのアイデアを具現化し、ポンとぼくらの眼前に提示してくれるような存在のことだ。そこで、かねてからそのクオリティの高い仕事ぶりに感動していた盛岡のデザイン事務所「homesickdesign」の清水さんに相談に行くことにした。装丁、紙、印刷・製本。普段から本を取り扱う仕事をしているから、多少他の人よりも造本の知識はあるかもしれないが、実際に本を作るとなるとまったく勝手がわからない、未知の領域だった。

新緑の季節。その日は朝からとても暑い日だった。汗を拭いながら出された麦茶をのみ、homesickdesign の事務所に座っていた。ぶらりと現れた清水さんに本を作りたいと伝え、イメージと構想をとにかく身ぶり手ぶりを交えて話した。清水さんはとても喜んでくれた。その数日後、清水さんはぼくのイメージをわかりやすくまとめてくれ、なおかつスケジュールもきちんと設定した企画書を提示してくれた。ぼくは少しだけホッとした。エディトリアル・デザインはこの人にお願いしよう、そう決めた。デザイナーが決まり、ようやく本作りはスタートラインに立った。くどうれいんと打ち合わせを重ねていくうちに、内容にも少し手を加えることが決まった。元のZINEに収録された文章を一部改訂すること、すでにZINEを手にしている人たちも楽しめるように、巻末にくどうれいんが会いたい人と盛岡市内の飲食店で飲み食いしながら対談するページを設けることが決まり、総ページ数は元々のZINEの40ページから大幅に増え、78ページに決まった。これからやるべきことはリリース日や装丁や判型、紙質を決め、くどうれいんにゆかりのあるふたりの人物との対談を収録し、文字に起こすことだった。そうこうしているうちに最悪のシナリオを考えていた金融公庫の融資も無事審査が通った、と連絡があった。もうなにも躊躇することはなかった。思う存分本作りができる。これで失敗したとしても、つまり売れなかったとしてもまったく悔いはなかった。本を作る。それ自体がぼくにとって大きなチャレンジだったし、なにより素晴らしい勉強だった。

そういえば、いつの間にかぼくは本を作ろうとしていることに気がついた。店を開店したころにはまったくもって予想だにしない展開だった。気がつくとなんだかワクワクすることにぼくは巻き込まれていて、その渦中でもがきながら楽しんでいた。これこそぼくがやりたいことだった。

ラプソディ・イン・ブルー

『わたしを空腹にしないほうがいい　改訂版』は初版として1、000部刷ることとなり、くどうれいんたっての希望で2018年8月19日、俳句の日にリリースされることが決まった（くどうれいんは歌人・俳人でもある）。彼女とゆかりのある人たちとの対談を盛岡市内の飲食店で数日にわたり収録したあと、さまざまな調整を行いながら、連日ほぼ徹夜で録音した対談内容の文字起こしを進めた。数週間かかり、ようやく文字起こしが終わるとくどうれいんに文字校正や微調整をお願いし、あとはデザインチームから最終原稿が上がってくるのを待つだけでよかった。そこでぼくはかねてから計画していたアメリカ西海岸、ベイエリアへ洋書の買い付けに旅立つことにした。ニューヨークに次いで、サンフランシスコやバークレー、オークランドにある書店を訪ね歩くことはぼくにとっての夢だった。サンフランシスコの「Adobe Books」や「Green Apple Bookstore」、バークレーの老舗「Moe's Books」。オークランドの「BOOK/SHOP」の本店にもどうしても行きたかった。本の出版作業の合間をぬっての強行スケジュールだったが、店を1週間閉めることに決め、ぼくは5月のあたまに旅の準備をはじめた。

約1週間の西海岸の旅を振り返るとき、憧れのベイエリアへの地にはじめて降り立ったという高揚感と、どうしようもないくらいの物哀しさ、その両方が胸にこみ上げてくる。なぜならこの旅を経てぼくは前の妻に離婚を切り出したからだ。妻とぼくは13年間寝食をともにし、彼女はぼくのくねくねと曲がりくねった人生の紆余曲折を一緒に歩いてきてくれた。ぼくが会社勤めを辞め、店をはじめてから妻は普通の会社勤めをしていたから休日が別々になり、少しずつすれ違いが増えるようになった。それでも夫婦仲はとてもよかった。友人のようになんでも語り合い、まるで兄妹のようにつねになにをするにも一緒だった。だが、ある時期を境に妻との関係はギクシャクし始めた。それは妻に原因があるわけではなく、ぼくの心変わりが一番の原因だった。店をはじめたことで会社勤めをしていた時代には知り得なかったたくさんの魅力的な人たちと知り合うことができた。高尚な会話、いい音楽、すばらしい時間。そうした自由で豊かな時間は組織のなかにいては感じることのできない、大きな収穫だった。いつしかぼくはそうした人びとと一緒にいる自分を自分よりも大きな何者かに見立て、粋がってしまったのだと思う。とても傲慢で、生意気で、謙虚さを忘れた男がそこにいた。そしてあるときから、その傲慢で自分勝手な男はまじめでしっかり者の妻がひどく物足りなく感じるようになった。13年連れ添った伴侶のことをどうしてそんなに簡単に切り捨てることができただろう。なぜそんなひどい仕打ちができたのだろうか。おおかたの長年連れ添った夫婦がそうであるように、妻とはなんでも話し合えるぶんまるで血のつながった家族のような関係になっていて、その心地よさにぼくは甘え、いつしかもうすこし緊張した関係を求めるようになっていた。つまり初期の恋愛が持つあのスリルやドキドキを。それはひとりの夫としては不適切で、社会通念上の倫理観を逸脱している。それはたいてい理性が防波堤のように気持ちを押しとどめ、取り返しのつかない結果を防ぐはずなのだが、ぼくの場合はそうではなかった。我ながらどうしようもないやつだと思った。ぼくはもはやひとりの夫ではなく、ほんとうの自由を知らないくせに、自由を声高に叫んでいるただの甘えんぼうのひとりの子どもに過ぎなかった。つねにぼくの側に立ち、ぼくの決断にけっして反対をせず、ぼくとともに歩むことを人生の中心に置いていた女性をぼくは簡単に切り捨てた。それはなにを意味するのだろう。ぼくはなにを求めていたのだろう。結婚という古めかしい制度からの解放だろうか。もしくは一時的な逃避だろうか。なぜぼくはあの夏、彼女から離れたいと思ったのだろうか。夢から醒め、ふとうしろを振り向くともう彼女はぼくから遠く離れていた。ぼくはほんとうに夢にうなされていたにすぎない。それも甘美ですぐに醒めてしまう夢だ。とにかく、ぼくはサンフランシスコに旅立つ前の晩、彼女に話を切り出した。いまの気持ちをなるべく正確に、おだやかに伝えた。彼女はだまってぼくの話を聞いていた。そしてぼくが旅に出ているあいだに考えておく、と答えた。次の日、ぼくはサンフランシスコに向かって出発した。約9時間のフライトのあと、サンフランシスコ国際空港には早朝に到着した。空港からBARTと呼ばれる電車を乗り継ぎ、サンフランシスコ市内に着いたのは午前10時を回っていた。有名なロースタリーでコーヒーを飲み、簡単な朝食を食べ、街をぶらぶら歩きながら雑貨を買いあさり、古本屋を何軒かまわり、洋書をどっさり買い込んでいたら日がとっぷり暮れていた。サンフランシスコは坂のある街だ。急な勾配をスケートボードで臆さず猛スピードで下っていく若者を横目に、坂の上からこの街を見下ろす。夕日のなかをスーツを着た男たちが街の中心部に向かって歩いていた。ぼくはその日に買い付けたたくさんのトートバッグやらTシャツやら洋書がぎっしり詰まったバックパックを背負い、肩に大きなボストンバッグを持ちながらユニオン・スクエアのあたりをとぼとぼ歩いていた。街は聖者のようにおごそかで、ホームレスのようにだらしなく、そしてそこかしこで音楽が高らかに鳴っていた。サンフランシスコの中心部は高層ビルやモダンなホテルが建ち並び、ぼくが想像していたあのケーブルカーの古めかしい街並みはどこにもなかった。キラキラと神々しくきらめいたフェアモントサンフランシスコを通り過ぎ、騒々しく食物の匂いのたちこめるチャイナタウンを通り抜けながら、ぼくは数日前に別れ話を切り出した妻のことをかんがえた。日本はいま朝の9時ごろだろう。彼女はいま仕事場にいて、なにをかんがえているのだろうか。ぼくはコロンブス・アヴェニューをまっすぐ歩き、シティ・ライツ書店に向かった。シティ・ライツにはなにもなかった。もうこの店のともしびは消えかかっているのがわかった。ぼくは店を出て、夕闇を見あげた。人びとはみな、慌ただしく初夏の空気のなかに吸い込まれ、この夜の、偶然のなかに消えた。急に小腹が空いて、今回の宿であるホテルの隣の中華料理店に入ることにした。焼きそばと青島ビールを注文し、窓の外を眺めながら料理を待っていると突然店内の音楽がガーシュウィンの「ラプソディ・イン・ブルー」に変わった。ぼくはその曲が流れるウディ・アレンの映画のことを思い出し、妻と観たその映画のことを、妻と聴いたその曲のことを思い出していた。何気ない結婚の風景。もう二度と帰れないかもしれない時間。そのころはとてもみずみずしく、心から信頼できる時間だった。結婚生活は水の上を滑り出した船のようにどっしりと安定し、自信に満ち、あまく、やさしく、毎日がとてもゆるやかに過ぎていった。ぼくはまるで走馬灯を見るように、ノースビーチの街角にある中華料理店でぼくたちの結婚生活を思い出していた。

波はおだやかで、風はやみ、しずかで、向こう岸に灯台の見える広い海原をぼくはただよっていた。ぼくと彼女はただ、ゆっくりと泳ぎきり、船を向こう岸に着けるだけでよかった。そこで、音楽は消えた。音楽は消え、あたりのざわざわとした雑踏がよみがえってきた。音楽はたぶん、永遠に消えてしまった。

テンダーロインのやさしさ

きみが旅に出るときにはできるだけ五感をとぎすませて、心をオープンに開くこと。通りにはたくさんの偶然や誘惑が転がっていて、旅行者の勇敢さを待っている。日常をはなれ、旅という不安定な状態に身を置いたとき、ぼくらは野生の感覚を取り戻す。人間として本能的に危険を察知し、動物的に正しい道を発見し、人間らしいとはどういうことかを知る。毎日あくせくと忙殺される仕事と家との往復ではけっして得ることのできない、特別な経験こそが旅をすることの本質だ。ガイドブックを捨て、不安のなかに身を投じる。すべてをオープンにし、胸元をひらき、自分という個人と世界を照らしあわせ、交わり、文字通り生きている人びととこころを通わせあうこと。旅というものはそのような状態からしかなにも生まれてこないし、得るものはない。いままでぼくはなにをしていたのだろう、と思うくらいその年のベイエリアの旅は濃密で、実り多き旅になった。物怖じせず、そこにあふれているはずの出会いを通り過ぎずにしっかりと自分の腕のなかに抱き寄せることで、ぼくはサンフランシスコでたくさんの思いがけない出会いに恵まれた。

まずはマークの話をしよう。マークとはサンフラシスコで最も治安の悪いテンダーロインというエリアを歩いていて偶然に出くわした。あれはたしか本の買い付け旅行も佳境に入り、短時間でかなりの古本屋を渡り歩いていたときだ。ミッションにある古本屋を少しのぞき、もう少し買い付けをしたかったからルシアン・ヒルというエリアにある古本屋に向かおうとバスに乗り込んだ。ところが路線を見まちがえたのか、バスはまったく違うルートを走っている。ぼくはとにかくルシアン・ヒルにほど近い場所でバスを降りることにした。シビック・センターという建物とバス停が見えてきて、そのバス停に降り立った瞬間になんだかそれまでとはまったく異質の空気が流れているのがわかった。ルシアン・ヒルに向かって歩き出すと、その界隈はくれぐれも近づかないように、と旅のハンドブックに念押しされていたテンダーロインというエリアだということに気がついた。通りには人糞が散乱し、注射針がいたるところに転がっている。ぼうぼうにヒゲを生やしたホームレスの男性が下半身を露出したままなにかをわめいている横で、ヤクの売人が建物に寄りかかって通りをながめ、カモが来るのを待っている。こんな通りはさっさと通り過ぎよう、とぼくは足を速めた。何ブロックか足早に通り過ぎたとき、ふと視界の右側にこんな場所に似つかわしくないヒップな店が見えた。店のウィンドウにはヴィンテージの雑貨が飾られ、Tシャツやスウェットが見える。なぜかその店に惹きつけられたぼくはここがどこなのかをひととき忘れ、店のなかに入ってみることにした。お世辞にも広いとは言えない店内にギッシリと古着が並び、ヴィンテージのペナントやブランケットなどがセンスよく並べられている。そうか、ここは古着店なのか。そして店の奥からニッコリと出迎えてくれたのはマークだった。とつぜん現れた東洋人のぼくを見てマークはいきなり歓待してくれた。「やあ、どうだい。まあビールでも飲もうや」と言って店の奥から冷たいクアーズを差し出してくれる。ぼくらは乾杯をして、自己紹介を簡単に済ませ、お互いの身の上話をはじめた。ぼくは日本の東北、岩手県というところでちいさな本屋を営んでいて、いまベイエリアに洋書の買い付け旅行に来ているんだ、と言うとマークは「ワォ、ぼくはつい最近日本に行ってきたところなんだ」と言って相好を崩した。彼は日本の友人を訪ねて東京と沖縄に数週間旅行し、つい数日前に戻ってきたばかりだという。沖縄は特に最高だったよ、と言って沖縄旅行の写真を見せながら、こんなところによく来たね、と笑いながらビールをもう一本どう？とすすめてくれる。「探している本ってアートブックかい？」と聞かれて、ああそうだよ、と答えると彼の友人が個人のブックディーラーをやっていて、友人は仕事を終えて自宅に帰っているはずだから、とその友人にその場で連絡を取り、本を見せてくれると言うからもしよかったら今から行かないか？　と誘ってくれた。願ってもない話だった。個人のブックディーラーの話はなにかで読んだことがある。彼らはアメリカ中のフリーマーケットやスリフトショップを回り、レアな本を買い付けては本屋に売りさばく、いわゆる日本でいう「せどり」だった。マークの友人レックスはバスの運転手をしながらそうしたブックディーラーの活動を続けていた。レックスの住むアパートはマークの店から数ブロック先にある。マークの店でペナントやTシャツを買い込んで店を一旦閉めると、ぼくらは歩いてレックスのアパートまで行くことにした。店から一歩外に出ると空気が変わる。殺伐としたストリートの緊張感が戻ってきた。マークにここで店を開けていて怖くないの？　と聞くと「怖くはないよ、だってここがローカルだからね。ここで生まれ育ったわけだし」と言う。なるほど、そんなものかと思いながら歩いていくうちにひとつの疑念が頭のなかをよぎった。ほんとうにレックスという友人はいるのだろうか。あるいはレックスはいたとして、ぼくは羽交い締めにされ現金やらクレジットカードやらを奪われるのではないだろうか。時間に制約のあるギスギスとした旅のなかで久しぶりに触れた人のやさしさをぼくは最後まで信じきれずにいた。そしてぼくの隣を足早に、にこやかに歩くこの男のことがすこしだけ怖くなってきた。レックスのアパートはほんとうに近所だった。アパートのエレベーターに乗るとき、少し冷や汗が出た。エレベーターを降り、レックスの部屋のブザーを鳴らす。出てきたのは眼鏡をかけた屈強な髭面の大男だった。ぼくの疑念はますます高まった。だが、予想に反してレックスは快活にぼくに握手を求め、冷蔵庫からよく冷えたビールを取り出しぼくに渡してくれ、まあゆっくり座りなよ、とぶっきらぼうに言った。ニール・ヤングが写っているシュプリームのポスターがでかでかと壁に貼ってある部屋のなかは、さっきまで吸っていたであろうマリファナの匂いが充満していて、本棚にはぎっしりとレアブックが詰まっていた。マークの言う通り彼はまぎれもなくブックディーラーだった。レックスは次々に本棚からレアなアートブックを取り出し、得意げに見せてくれる。年一回東京の古書店にも買い付けに行くのだと言う。「どんな本を買い付けるの？」と聞くと「アラキはグレイトだね。あとはボーソーゾクかな」と言う。暴走族？ なるほど、レックスはどうやら暴走族の写真集をコレクションしているようだ。アメリカ人にとって暴走族はとてもストレンジでかっこよく見えるのだろうか。そんな雑談をしながら約1時間レックスのアパートに滞在し、彼からいままでに見たことのない写真集やアートブックを何冊も譲ってもらった。それは素晴らしいサンフランシスコの午後だった。最後にマークとレックスとハグをして再会を誓い、マークの店に戻ってまたビールで乾杯した。マークの店を出るころにはもう日がとっぷりと暮れていた。マークは店からの安全な帰り方をわざわざ親切に教えてくれ、おまけにたくさんのお土産を持たせてくれた。ぼくがバスを乗りちがえなければマークにもレックスにも会うことはなかったのだ。相変わらず治安の悪い通りをひとりとぼとぼと歩きながら、さまざまな奇跡が結びついて出会えたひとのやさしさにぼくは感動していた。それはなにものにも代えがたい、旅というものがもたらしてくれるとくべつなご褒美みたいなものだった。

出会いと別れ

永遠のものなどありはしない。葉が青々と色づき、やがて黄金色になり枯れ果てていくように、季節が実りの秋から、寒々としたつらい冬に変わっていくように、人間どうしの関係も移り変わり、変化をとげる。それは発展的に変化をとげることもあれば、残念なかたちで終わることもある。ひとつだけ言えるのは、まるで入っては出ていく回転式のドアのように、さまざまな人びとがぼくの人生に入っては、出ていく。それは生き物のようにつねに変わりつづけ、ぼくの生きるさまを形成していくということなんだ。2018年初夏のベイエリア旅行はぼくの人生において、別れと新たな出会いを示唆していた。世界的に有名なＩＴ企業に勤務する加藤さんと知りあったのもこのときで、加藤さんの奥さんが里帰り出産で盛岡に帰省していて、ぼくの店に何度も遊びに来てくれていたのがきっかけだった。なにかの拍子にサンフランシスコの話になり、今度買い付けに行くことを告げると、彼女の旦那さんがいまサンフランシスコに単身赴任しているという。それならばうちの旦那に美味しいところに連れて行ってもらいなさい、とすぐに夫である加藤さんに連絡を取ってくれた。たまたまぼくが行く日程で一日加藤さんも都合の良い日があったので、その日にいまはなきオークランドの「カミーノ」というレストランで加藤さんと落ち合うことにした。その日はオークランドの古書店をまわり、買い付けをすませ、歩いて待ち合わせ場所へ向かった。もう、とっぷり日が暮れていて夕日がとても美しかったのを覚えている。レストランの前でしばらく待っていると一台の車から日本人らしき男性が降りてきた。スウェットパーカーにジーンズ、スニーカーを履いたラフな服装のその男性が加藤さんだった。それからぼくらはワインを飲みつつ、おたがいの身の上話をカミーノからサンフランシスコのワインバーに場所を変えながら、夜更けまで語り合った。加藤さんは日本の大学を卒業し、アメリカ留学を経て、いまの会社に入社していた。親が幼いころに離婚し、自身も様々な困難を乗り越え、努力していまの境遇を手に入れていた。たぶんなんの苦労もなくストレートにいい会社に入った人間とならば、ぼくも深い話はしなかっただろう。彼はつねに冷静沈着でどっしりとしていたが、どこか陰のある、そしてどことなく人間味のある男だった。ワインの酔いも手伝ってか、お互いかなりオープンな話をしたのだと思う。ぼくは遠くはなれたアメリカで、帰国後に日本で起こるであろうことを想像し、哀しみに沈んでいた。夜も深まり長年連れ添った妻と別れようと思っている、と切り出すと加藤さんは考え直したほうがいい、と何度も言った。だがぼくはそのとき頑なで、加藤さんの説得はまったく耳に入っていなかった。つまり自分のなかでもう結論は出ていて、考えが一ミリも揺らいでいないことが自分でもわかった。帰国は次の日に迫っていた。加藤さんと再会を誓い、握手をして別れた翌朝、ぼくはサンフランシスコ国際空港に向かうシャトルバスのなかにいた。自分で決めたこととはいえ、これからぼくにどんなことが起こるのか、ぼくの人生はどんな風に進んでいくのか、かんがえると身震いがする。ぼくの決断はほんとうに正しいのだろうか。自分の気持ちに正直に生きようとすると、必ず誰かを傷つけてしまう。それは人間として正しい行いなのだろうか。大切な人を傷つけてまで、自分の気持ちを優先することがほんとうにやるべきことなのだろうか。バスはハイウェイを走っていて、とても朝日が美しかった。窓に反射し、きらめいているサンフランシスコの日差しはこれから今日一日が暑くなることを予感させた。赤信号で停止した際にふと横を見やると通勤途中の人びとが車に乗りながらコーヒーを飲んだり、音楽を聴いたり、みな思いおもいに過ごしている。この道路にいるみんな、そして大抵の人は自分の気持ちを押し殺して生きていくのではないだろうか。こうありたい、こういう風に生きたい、という思いがあったとしてもその眼前にある暮らしや、ともに生きている家人との関係をかんがえ、ぐっとその気持ちを押し殺してみな生きていくのではないか。自分の好きなように生きたい、自分の気持ちを大事にしたいというぼくの意向はわがままなのではないのだろうか。めらめらと燃えていたほのおがやがて小さくなり、その火が弱まってしまったとしても、その火を消してしまうことはとても残酷なことだ。ぼくはそのことが重々わかっているのに、そうせざるを得ない、その選択しかない自分がいることに気がついた。羽田空港に降り立つと、空は哀しいくらいに晴天だった。東京で一泊し盛岡に戻ると、くどうれいんの本の校正作業が大詰めに差しかかっていた。おまけにベイエリアで買い付けた洋書や雑貨の荷ほどき、値付け、陳列が待っていた。ぼくは仕事に忙殺され、妻と面と向かってきちんと話すことができずに数日が過ぎた。妻とようやくこれからのぼくたちについて話ができたのはそれから何日もあとだった。ぼくのいまの正直な気持を彼女に告げた。彼女はわかった、とうなずいた。それから、その話を切り出してから、妻とは数ヶ月をおなじ屋根の下でいっしょに過ごした。それは気の遠くなるくらいの長い時間に感じられた。だが、ぼくたち夫婦にとってそれは文字どおりの最後の時間だった。まるで死者を弔う儀式のように、ぼくたちは映画を観たりご飯を食べたり、その最後の瞬間をいとおしむように過ごした。この先の未来が閉ざされているのに、だれかとともに時間を過ごすことはほんとうにつらく哀しいことだ。だが、その哀しさの奥底にあるものにそのときのぼくはまったく気がついていなかった。気がついていたのならば、悪かった、もう一度やり直そう、すまなかった、と言っていただろう。ぼくの自分勝手な思いを押し殺し、それからの人生は彼女がぼくにしてくれたことへの感謝のために生きていくことだってできたのだ。それからしばらくして8月のある日、彼女は出て行った。さよならは言わなかった。夕方店を閉め、マンションに帰るとだれもいない部屋がそこにあった。その日からぼくの新しい人生がはじまったが、しばらくは悔恨と懺悔の日々だった。がらんとしたマンションの部屋。ひとりきりで食べる夕食。自分の愚かさをのろい、彼女を心の底まで傷つけた、そのまぎれもない事実に落ち込み、忘れるために酒を飲んだ。

ぼくのそうした私生活とは裏腹に、くどうれいんの『わたしを空腹にしないほうがいい　改訂版』は8月19日、俳句の日に華々しくリリースされた。以前から取引や面識のある個人書店にメールでリリース資料を送ると、またたく間に納品が決まった。そのほかさまざまな書店にセールスをし、まずは約20店舗で販売されることになった。ぼくの店のオンラインストアでも面白いように売れていったし、月を追うごとにその販売数は各書店でもどんどん伸びていき、雑誌やメディアにも取り上げられるようになった。『わたしを空腹にしないほうがいい　改訂版』を手にとって読んだ著名人がこぞって絶賛し、彼らがSNSで紹介しだすとその売れ行きにはさらに火がついた。そして蔦屋書店などの大型書店からも卸の引き合いが来るようになり、くどうれいん自身も様々なメディアに登場し、雑誌や文芸誌の連載が決まるまでになった。『わたしを空腹にしないほうがいい　改訂版』はとんでもない数字を叩きだした。インディペンデントな出版物としては異例の出版部数を生みだし、最終的には現在も版を重ねるほど息の長いセールスをつづけている。こうした成功のすべてはくどうれいんという作家の稀有な才能によるものだ。このすぐれた才能を持った女の子をはじめてみとめ、世に送り出そうとぼくにすすめたのは他でもない、ぼくの前の妻だ。ぼくはただ、そのすすめに従っただけだった。彼女は最後の最後まで、ぼくの人生を案じ、そして切り開いてくれていた。

そして、つよい風が吹いていた

『わたしを空腹にしないほうがいい　改訂版』が破竹のセールスを続けているころ、ぼくは自暴自棄の日々を過ごしていた。いままで均衡を保っていたなにかが崩れ、自分自身のコントロールを失いつつあるのが自分でもわかった。ほぼ毎週のように盛り場に出かけ、酒を浴びるように飲み歩いた。それは寂しさを紛らわすためであり、自分の愚かさを戒めるためでもあった。人生に意味を与えてくれた伴侶との関係をみずから断ち切った自分自身への苛立ち、そして言いようのない日々の寂しさ。出口の見えない大きな虚無のなかへ落ちてゆく感覚を味わいながら、ぼくは乱れた暮らしを送るようになっていた。店の経営にもぼくの自堕落な生活は影を落としつつあった。本屋を続けることのまっすぐな情熱がいつしか潰えてしまい、どこか物足りなさがいつもなにをするにもつきまとうようになった。慌ただしくトークイベントや展示などさまざまな企画を実施していたが、どうにも手応えが感じられなかった。トートバッグをはじめとしたマーチャンダイズや出版した本は売れ続け、ぼくの店もメディアなどに紹介されるようになってはいたが、相変わらず店の売上は浮き沈みが激しく、決して順風満帆とは言えなかった。くどうれいんの本が売れたことで沢山の人から賞賛をもらったが、なにかが満たされなかった。それは、オンラインストアや出版部門が幾ら収益を下支えしても（収益が分散されているのは大事なことだけれど）、店を構えているこの街に、心からぼくの店が受け入れられているという実感が感じられなければなんの意味もないということだろう。つまりぼくが店を作った究極的な目的は金儲けをすることでも、作った本を売ることでもなく、この街に暮らす人びとに本屋が必要とされている感触がほしかったのだ。生活の導線のなかに本屋があり、本を手に入れ、本を読むことで広がっていく世界。そうした体験をこの街に住むもっとたくさんの人びとにしてほしかった。それは理想主義的な考え方だときみは言うかもしれない。だが、スモールビジネスを営む人間が理想主義者でなくて誰が理想主義者なのだろう。コミュニティにおける本屋はとても重要な場所で、大きな可能性を秘めているとぼくは信じていた。ぼくが本屋で経験してきたのは本を愛する人間同士が共有している意識、そのつながりのあたたかさと心地好さだった。それがひとつの共同体となり、コミュニティに息づくことでもっとこの街はゆたかで面白くなると考えていた。少なからず本屋を続けるために当然ながら安定した収益は不可欠だったが、目の前で人びとが本について語らい、本を求め、本が売れていく瞬間の連続こそぼくが見たいものだった。いまにして思えばそれは自分自身に原因があることで、地元のお客さんが欲しいと思える本の品揃えではなかったのだし、もう一度来たいと思わせるなにかが欠けていた、ということに尽きるのだが、ぼくはそうした要因を見ようとせず、すべて他人のせいにした。これだけの企画を開催しているのに、こんなすばらしく面白い本を置いているのになぜみんなぼくの店を素通りするのだろう。いつしかそんなことを考えるようになっていた。文字通り、ぼくはどんどん嫌なやつになっていった。

　そうしたぼくの自堕落な生活の襟を正し、仕事の本質をもう一度問い直すきっかけを作ったのは他でもない、盛岡に点在する小さな店のオーナーたちだ。官公庁や岩手県公会堂が立ち並ぶエリアにぽつんと立っている喫茶店「ｃａｒｔａ」には事あるごとに立ち寄った。オーナーである加賀谷夫妻となにか特別な深い話をしたわけではない。ただ、しずかにコーヒーを淹れてもらい、時には食事をして、なんということのない話をして、店を出る。だがそのころのぼくにとって「ｃａｒｔａ」で過ごしたひとときは癒しであり、瞑想であり、くぐもった自分の心を見つめるための内省の時間であった。彼らはぼくと同郷の秋田県の出身で、旦那さんである真二さんの前職は転勤族のサラリーマン。転勤でたまたま移り住んだ盛岡が気に入り、そのまま移住してしまったところもなんだか親近感がわいた。その時点で「ｃａｒｔａ」は開業して12年目を迎えていた。さりげなく、あまり前に出ず、でも自分たちの主張やこだわりを貫いているその店のスタンスにぼくは深く共感し、憧れを抱いた。そして彼らを見ているうちにぼくは、ぼくの主張はいったいなんなのだろうと考えるようになっていった。ぼくはなにを伝えたいのか。そしてこの街に受け入れられるために最低限やらなければならないことはなにか。そうしたことをもう一度ていねいに考えることが必要な気がしていた。「ｃａｒｔａ」はぼくにとって嵐からの隠れ家だった。ぼくの心のなかにも、そして街のなかにもつよい風が吹きつけていた。だからぼくはあの店で風が止むのをだまって待っていた。

良い店、良い仕事とはなにかということを強く考えさせてくれたのは「六月の鹿」の熊谷さんだ。彼とはふとしたきっかけで急に仲良くなり、プライベートでもよく飲みに行くようになった。酒の席でいつも話すのは主に仕事のこと、店のことだった。彼の仕事ぶりを聞いて驚いた。朝5時に起きて、夜おそくまで。その間水しか飲まずにひたすらコーヒー豆を焙煎し、店に立ち、コーヒーを淹れ続ける。

朝、家を出るとすぐにコーヒーのことが頭に浮かび、通勤途中はひたすら今日焙煎するコーヒー豆のことを考えている。そんな熊谷さんの話を聞いていると、ここまで徹底的に突き詰めて自分の好きなことに向き合っている人を見たのははじめてかもしれないと思った。それでもまだ、熊谷さんは自分のコーヒーが美味しいとは思わないのだと言う。「それはおそらくぼくが死ぬまでに到達できない答えだろう。でも、だから、面白いんじゃないかな」そう言ってまるで求道者のようにほほえむ熊谷さんを見て、ぼくは襟を正した。ぼくはなんという大馬鹿者なのだろう。好きな仕事ができているのに、ぼくは自分の領分を突き詰めているだろうか。ぼくの持ち味や知識や嗅覚を活かした仕事を抜かりなくできているだろうか。少なからずぼくの仕事を支持してくれているお客さんがいる。ぼくの一挙一動を見守り、応援してくれている人たちがいまやおかげさまで全国にいる。そうした人たちにほんとうに自分がいいと思った本を届けること。そのいいと思う基準や感度をみがき、日々の研鑽を積むこと。それ以上でもそれ以下でもない。それでいいのではないだろうか。あるかないかわからないものをむりやり目の前に生み出そうとするのではなく、自分の本分をわきまえ、突き詰めることだ。そして前からそこにあった川のながれのように、いつもそこに存在し続けること。ぼくはあるときから考え方を変えた。この街での本屋としての存在意義から、架空のみんなの心のなかにある一軒の本屋であろうと決めた。本を愛する人がどこにいようと、ぼくの店ですぐれた本を買い求め、その一冊の本を通じて自分の思考が広がり、コミュニティが生まれ、ゆるやかなあたたかさを感じられる本屋。それはどこに本屋を置こうと変わらない、ゆるぎないことなのだ。ぼくはそのために全力を注ぎ、本屋を続けていく。ちいさな街の本屋である必要はない。さまざまな場所に点在する本を愛する人びとにとっての、ちいさな本屋。それこそがぼくの、ぼくだけの本屋のあり方なのかもしれない。加賀谷夫妻や熊谷さん以外にも盛岡で出会ったたくさんの人びとがぼくに霊感をあたえ、ぼくの生きる道を示してくれた。大きな川のながれるこの街で、本屋を毎日開ける意味をようやくぼくはつかみかけていた。

オンラインと実店舗

それから、ぼくの店には全国からたくさんの人が訪れるようになった。『わたしを空腹にしないほうがいい　改訂版』でぼくの店を知った人、トートバッグでぼくの店に興味を持った人、雑誌やSNSでぼくの店を知り、わざわざ盛岡まで足を運んでくれた人。さまざまな人びとが毎週のようにぼくの店をめがけて訪ねてくれるようになった。

旅費をかけてぼくの店に、ぼくに会いに来てくれる人びとがいることに驚いたが、これからの時代地方都市のちいさな本屋がやっていくには、店をかまえる商圏のお客様だけではとても成り立たないのだということが明白だったから、ぼくはぼくの店で起こっていることに大きな希望を感じた。そしてぼくの店をわざわざ訪ねてくれるような、全国に散らばっている本を愛する人びとのために良い本を選び、紹介することが自分のミッションなのだとあらためて理解した。地元の顧客層を増やすこともちろん大事だが、それはかなりの時間と忍耐と労力と資金を要する。その取り組みと並行してSNSなどを駆使して全国の顧客層を増やしていくことが、ぼくが店を継続していくための近道なのだと痛感していた。熱心に足を運んでくださる地元のお客さんも当然ながら大事なお客さんだが、実際に1ヶ月の売上構成比で見ると実店舗が売上全体の3割、出版物が1割、残り6割はオンラインストアからだった。店を継続するためにどこを向けばいいのかは明白だ。オンラインストアの商品ラインナップを拡充し、SNSなどで告知を徹底して行うこと。それがオンラインストアからの購入につながり、収益安定化の道筋となる。そしてオンラインストアで商品を購入してくれたお客さんがどこか旅行に行こうとなったとき、盛岡を選んでくれること、ぼくの店を訪ねてくれることがぼくにとっての成功パターンだった。つまり、そのためには盛岡という街が魅力的でなければならなかった。個性あるたくさんの喫茶店。歴史的な建造物が残る古い街並み。昔ながらの飲食店街や民藝運動の聖地「光原社」。そうした盛岡の魅力のなかにぼくやぼくの友人たちの店が加えられていくことが、ぼくが目指すべきことだった。だが、それこそぼくのようなインディペンデントな本屋はいま、雨後の筍のように全国に次々とオープンしていた。オンラインストアを運営していくということはすなわち彼らがライバルになるわけで、ぼくのような資本力もないちいさな本屋に勝算はあるのだろうか。ぼくはそこに「付加価値」というひとつの答えを見出した。付加価値、すなわち一冊の本に価値を与えること。

例えばぼくがこのインターネットで容易に世界中の本が買えてしまう時代に、わざわざ好きこのんでアメリカまで買い付けに行くことも、インスタグラムで紹介する一冊の本を自分の実体験もふまえた自分だけの言葉で語ることも、すべてが本に付加価値を与える行為だと考えた。ぼくがアメリカで買い付けることや、自分の人生と交差するように出会った本を紹介することは、単なる一冊の本にぼくの店にしか伝えられないストーリーを生み出し、深みと陰影を与える。それが数ある本屋のなかでぼくの店を選んでくれる明確な基準になり得る。ぼくはそう考えていた。そのために毎日並行して何冊かの本を読み、良い本を探すことを自分に課した。だが、そうしたことは「仕事」という義務にはまったく感じず、ごく自然で楽しい行為だった。定期的に大型書店に行き、自分のアンテナに引っかかる本を選ぶ。読んでみてすばらしいと思う本は自分の店で取り寄せて置いてみる。まめに出版社のホームページをのぞき、これからどんな本が発売されるのか、出版される本のなかで自分の店はどの本を仕入れるのか、どんな内容なのかを調べる。興味のある一冊の古書を掘り下げていくうちに、べつのまったくいままで知らなかった古書に突き当たる。はたしてこれは売れるだろうか?売れるとしたらいくらの値段をつけるのが妥当だろうか? そうした下調べすべてが楽しく、心地よかった。それはもはや仕事ではなく、あそびながら仕事をしているようなものだった。にがにがしくいやなこと、朝起きるのがおっくうだとか、夜中に明日のことに思い悩み目が冴えて眠れないとか、そうしたことはまったくなくなった。おまけに仕事と称して、映画を観たり、絵画を鑑賞したり、さまざまなものに触れ、とにかく感性をみがくことを課した。さまざまな経験を積み、後にも先にも勉強することが自分の栄養となり、ゆたかな言葉を紡ぎだす源泉となる。すべては自分の言葉で語るための経験だった。

さらにここでひとつの疑問が浮上する。オンラインストアの売上が圧倒的シェアを占めているのに、実店舗はほんとうに必要なのだろうか、ということだ。結論から言うと実店舗を閉める気にはまったくならなかった。街のなかに存在しない本屋なんてなんの意味があるのか。その街で息をして、空気を感じ、本の埃をはらい、生活をしていく。そしてなにか答えをもとめて訪ねてきた人がみずからの問いにふさわしい本を手に取る。その、本に光が当たった瞬間こそが本屋の意義であり、役割なのだ。そうした日々の連続があるからこそ、全国の本を必要としている人びとにまっすぐ本を届けられるのではないだろうか。地方都市でひっそりと、そこに住まう人びとのために本屋をつづけていくことは変わらない。だが、その本屋の収益構造は、生き延びていくための手段は、分母の大きいほうへ力を注ぎ富を生みだし、その生みだした富で本棚に並ぶ良い本を揃える。すなわちその富は地元のコミュニティのために還元される、ということだ。

実店舗を訪れる常連のお客さんたちの顔も見えるようになってきた。ふたりの子を持つシングルマザー、落語と古本の好きなおじさん、転勤族のサラリーマン。ケルアックを卒論のテーマに選んだという大学生。みんなそれぞれの人生を生き、そのかたわらに本があった。この生きづらい混迷の時代に、彼らは本を読むことで人間の愚かさから目を背けることなく凝視しようとしていたし、漆黒の暗い闇のなかに一筋の光を見出そうとしていた。彼らがカウンターに本を持ってくるときの、すこし顔が紅潮している感じが好きだった。彼らの人生にその本がもたらす影響を考え、彼らの期待が報われることを祈りながら、ぼくは会計をした。彼らと会話することもまた楽しく、店を運営するヒントにあふれていた。大学生の女の子たちや就職したての年若い男の子たちも店を訪れるようになり、彼らにブローティガンや伊丹十三らの本を薦めるのもまた楽しみだった。彼ら若者がどんな風にその本を読み、吸収するのか。まるでかつてのぼくがそこにいるようだった。そんな本のことを教えてくれる本屋に通いたかったかつてのぼくがそこにいて、あたらしいことを知りたがっているような、そんなヴィジョンがあった。老いも若きもぼくの店のドアを開け、ぼくが選んだ本を通じてぼくと心をひととき通いあわせ、そしてまた実人生に戻っていった。さまざまな人びとがあらわれ、訪ね、通り過ぎ、出入りしては消え、またあらわれ、店の骨格を作った。2年目にしてようやくぼくの店は本屋らしくなってきた。

そして、その年の夏はぼくの人生において大きな転機が訪れた。わくわくするような旅と、あたらしい出会い。それらがすべて一体となってまるで海流のようにぼくの体のまんなかを突き抜けていった。またぼくの人生が大きく動き出した。夏のはじまりからその予感はあった。ぼくはただ流れに身を任せればよかったのだ。

ベイエリア、夏、2019

また夏が巡ってきた。2019年の夏はいつもと違う夏になる。そんな予感と共にはじまった。サンフランシスコですっかり意気投合した加藤さんはその後、奥さんの実家である盛岡に何度も帰省し、ぼくや「六月の鹿」の熊谷さんと一緒に熊谷さんの閉店後の店でワインを飲んだりするような仲になった。加藤さんはいまバークレーのアパートメントに住まいを移し、奥さんとまだ幼い娘の光ちゃんと一緒に住んでいるという。熊谷さんの店でワインを飲みながら、今年の夏の買い付け旅行はまたベイエリアに行こうと考えていることを話すと、加藤さんのほうから、ぜひ泊まりに来てくださいよ、とありがたい言葉をかけてくれた。ワインの酔いも手伝ってか熊谷さんも加藤さんのバークレーの家に遊びに行くと言い出し、旅の話で盛り上がってその夜は終わった。その後しばらくして、まああれは酒の席の話だろうと思い、熊谷さんにほんとうにベイエリアに行くのか聞いてみると、ほんとうに行きたいと言う。加藤さんたちに会うこと、そして向こうのコーヒーカルチャーを視察したいというのが熊谷さんの目的だった。その話をしたのが春で、8月の頭にはぼくらはほんとうにベイエリアに向かって旅立っていた。熊谷さんと奥さんの彩子さん、そして当時のスタッフだった新二郎くんも一緒で、バークレーの加藤さん宅に約1週間厄介になりながら、ぼくは古書店をまわって洋書の買い付けをし、熊谷さんたちはいたるところに点在するロースタリーを回ったり、コーヒー豆を卸している店で豆を買い付けたりするのが目的だった。

そのベイエリアへの旅は今までに経験したことのないタフな旅になった。まず、行きはぼくの確認不足でアメリカへの渡航申請（ESTA）の期限が切れており、成田空港で一日足止めを食らうことになってしまった。別便で出発予定だった熊谷夫妻とは現地で落ち合う予定で、海外旅行がはじめてという新二郎くんと一緒に盛岡を出発し、道中なにかと世話を焼くつもりでいたのに、結果的に新二郎くんをひとりでサンフランシスコに送り出すことになってしまった。事情を説明し、見送ったときの新二郎くんの不安そうな表情といったらなかった。自分の無知と準備不足に腹が立ったが、おかげでいい勉強になったことは確かだ。幸いＥＳＴＡはオンラインですぐに申請でき、申請後２時間くらいであっさりと渡航許可がおりた。紆余曲折はあったものの翌朝無事に台湾の桃園国際空港で乗りつぎ、サンフランシスコ国際空港に到着したのは翌日の夕方だった。空港からＢＡＲＴで移動して待ち合わせ場所のリッチモンド駅まで。半年ぶりに会う加藤さんが駅でぼくのことを待っていてくれた。感激のあまり思わずハグをして、そこから加藤さんの車でかつてぼくと加藤さんが祝杯を挙げたカミーノのオーナーが経営する「THE KEBABERY」というレストランへ向かった。そこで一足先に到着しているみんなとディナーをする予定だったのだ。オークランドは美しい街だった。マジックアワーがせまり、車窓から見える風景はどんな景色よりも美しかった。思いがけないヘマをして、足止めをくらいながらも、ようやく辿り着いたベイエリアはいつもと違う空気が流れていた。その空気を吸い、暮れていくオークランドの街並みを見ながらぼくはやっぱり人生は旅だ、と思った。人生は旅なのだ。こんな風に予期せぬ事態が起きて、どうしようもなくみじめな気持ちになっても、人との出会いやタフな経験がぼくらをまた美しい夕暮れに連れていってくれる。レストランにつくと、みんなが表で待っていてくれた。夕日を背にしてみんなキラキラと輝いている。ぼくは駆け寄っていってみんなに、おーいと叫んだ。おーい、ぼくはここにいるぞ。

それから加藤さんのアパートメントで厄介になりながら、ぼくらは思いおもいにベイエリアでの日々を過ごした。ぼくはといえば相変わらず古書店をまわり山のように洋書を買い付け、コーヒーを飲み、街から街へ移動し、歩きつづけた。加藤さんのアパートメントのあるバークレー、サンフランシスコ、そしてオークランド。ベイエリアはかつてのヒッピーイズムやカウンターカルチャーの残り香をそこかしこに漂わせながら、まったく新しい文化を形成しつつあった。それらをもたらしたのはかの地に本拠地を置く、加藤さんをはじめとしたいわゆるテック企業の人たちであり、皮肉なことにその新しい文化の波を滅ぼそうとしているのも彼らだった。シリコンバレーから数々のＩＴ企業がこぞってスタートアップし、そのおかげで街はさかえ、数多くのインディペンデントなスモールビジネスがやりやすい環境が生まれた。ところがやがて物価は高騰し、富める者と貧困にあえぐ者の大きな格差が生まれ、そしていまはジェントリフィケーションが起こっている。あまりにも家賃が高騰し、サンフランシスコ本土でふつうに暮らしていくことはむずかしい、と加藤さんは嘆いていた。長年住み続けている人びとに保証されている家賃据え置き制度以外の方法でサンフランシスコで暮らしていくことは困難だから、みな近郊のオークランドやバークレーに移り住みはじめている。そうした理由もあってか、本土に比べるとまだ比較的賃料の安価なバークレーやオークランドでアリス・ウォータースの「シェ・パニース」で修業を積んだ門下生たちが、ある意味ラディカルで斬新なフード・ビジネスを展開し、そうした動きがひとつのうねりとなってベイエリア全体を覆っていた。ぼくは彼らのやりかたにとても可能性を感じていた。それは革命とはなにも火炎瓶を投げつけたり、デモをすることで成し遂げられるのではなく、食を通じて社会的な問題を提議したり、人びとの意識下にあたらしい価値観を働きかけることで成就するかもしれない、という可能性だった。彼らはまったくみごとに事実上の無血革命を成し遂げようとしているかに見えた。そしてその思想の出発点、最たる場所が「シェ・パニース」だった。今回加藤さんがぼくらのために「シェ・パニース」を予約しておいてくれて、みじかい時間であるけれどもアリスの思想の一端に触れられた気がした。その体験は自分のやりたいことをやるには、そして自分にとって気分のよい社会にするにはどうすればよいのか、を店を通じて教えてもらったような時間だった。

テンダーロインのマークにも約1年ぶりに再会できた。熊谷さんも連日各地のロースタリーを回ってかなり刺激を受けていたようで、たくさんの収穫のある夏だった。帰りの便は熊谷さんたちと一緒に台北を経由する深夜のフライトだった。サンフランシスコ国際空港まで加藤さんに車で送ってもらい、名残惜しい気持ちで搭乗口に向かうと台湾に台風が上陸しており、発着を見合わせているというアナウンスが聞こえてきた。結局ぼくらの便は空港を飛び立つことができず、ぼくらはサンフランシスコ国際空港で一晩を明かした。行きも帰りもこんなことが起こるなんて。くたびれてへとへとになったけれど、異国の空港で夜を明かすなんてめったにない経験だ。体の疲れを感じながらも、精神は高揚していた。ようやく台北行きの便に乗り、窓から眼下に見える街々をながめながら2019年の夏の、まるで起伏の激しい坂道のような旅は終わりを告げようとしていた。その旅でぼくはひとつの啓示を受けた。風雨にさらされ、道の途中でへたり込もうが、夜の闇のなかで吠え叫ぼうが、生活は、人生はぼくらを飲み込んでいく。カリフォルニアのおおらかで自由な風土と、神秘的な霊感に満ちたあの空気のなかで、ぼくは、ひとつの道を見つけ、その道を進んでいくことを自分自身に課し、後ろを振りかえらないことを誓った。ヘッドミラー越しに見える景色。出会った人びと。傷つけてしまった人びと。取り返しのつかない日々。すべての行動と原因はぼくのなかにある。ぼくという人間の暗部を見つめた時間は、ぼくに立ち止まることの愚かさとそれでも人生を前に進めなければならないという単純な真理を教えてくれた。とにかく前に進みつづけること。出会った人のやさしさやまごころを大切にすること。それは今回の旅のように、ぼくらに大きな収穫をもたらしてくれる。それを証明するかのように、その年の夏はまるで小川が大きな流れとなり、海にたどり着くように、ぼくの人生にとってもうひとつ大きな出会いが訪れた。それはぼくの今後の生き方を変えるくらいの、飛行機に揺られているそのころのぼくには想像し得ない未来が拡がっている大きな出会いだった。

自由に生きるってどんな気分だろう

ぼくは寛容でやさしい精神を持つ人びとのなかを漂いながら、至極自由に、さすらうように生きていた。自由。かつて喉から手がでるほど憧れ、羨望の眼差しで見ていた生き方。そのような生き方をぼくはいつの間にか手に入れていて、先のことは見通せずその日一日を生き抜くことで精一杯だったとしても不思議と心は満たされ、一日はあたたかな感謝と祝福の気持ちで終わった。自由に生きるってどんな気分なのか、きみたちは考えたことがあるだろうか。そもそも自由の定義とは。なににも束縛されず、みずからの意思で思うように行動したり、発言したりできること。そのような状態のことをきみたちが自由だと想像し、自由とはそういうものだとみなすのならば、きみたちはすでに自由だ。きみたちが考えた通りに行動でき、言いたいことを言える国できみたちは暮らしているからだ。ところが自由に生きるとなると、これはかなりむずかしいのだと言える。さまざまなコミュニティのなかでのしがらみや社会的な立場、それになによりも既存の価値観から離れること。これは人間関係などの情緒的な価値観やモノを所有することの物質的な価値観、そうしたさまざまなものを捨ててしまう覚悟と勇気を要する。自由に生きるってとても格好良く聞こえるけれど、結局たくさんのものを捨ててしまうことなんだと、あるときぼくは気がついた。かつてぼくはたくさんのものを背負うように持っていた。次第に自分のやりたいことがはっきりと見えてくるうちに、ぼくはぼく自身にまつわるさまざまなものを捨てた。自由になろうと思えば思うほど、ぼくにまとわりつくさまざまなものは去り、かすんで消えていった（もちろん自分の意思で捨てたものが大半を占めるけれど）。それは人間的なつながりであり、文字通り物質主義的な考え方からの離脱を意味していた。まるで自分の生きてきた人生の前半を忘却の彼方に追いやるように、おおかたの記憶を消し去るように、ぼくはありとあらゆるものを捨てた。

さて、そうした精神的な、物質的な断捨離作業を経て、はたしてぼくは自由になれたのだろうか。それはある意味ではイエスで、ある意味ではノーだった。ぼくという人間の中心に据え置かれるはずのなにをして生きていくのかという点において、ぼくは自由を勝ち得た。まったくの自由に、みずからの裁量で仕事を作り出し、店を開け、本を売った。こんなにすがすがしく気持ちの良いことはなかった。ぼくのなりわいが社会にわずかばかりの波紋を広げ、そして少しの見返りがある。それは文字通り自由以外の何物でもなかった。だが、そうした生き方を選んだことと引き換えにぼくの私生活は不遇だった（もちろん自ら進んでそうした道を選んだのだが）。自由というものの定義を見あやまり、後先も考えず自分の欲望を貫きとおす生き方をしていたら、その人間はたちまち社会的信用を失ってしまうだろう。そしていくら自由に生きている充実感をあじわったとしても、その感覚をだれか心をゆるせる相手とわかちあうことができなければ心は孤立し、厭世的になってしまう。たんに社会だけではなく、家族やパートナーといったちいさな単位での社会との接点を見出すことのできない自由とは、なんともさびしくむなしいものなのかもしれない。前の妻と別れたあとのぼくの私生活はまさにそのような状態だった。向こう見ずで、なりふり構わず、みじかい関係を結んでは一方的に終わらせ、心をかよいあわせる相手を見つけられず、孤独を感じながら結局は独り身に戻った。店を閉め、食材を買い込み、犬たちが待つ家へ帰ると料理をして夕食を食べながら映画を観る。そのような独身生活が板についてはきたが、どこか満たされない気持ちが奥底に眠っていた。

彼女に出会ったとき、ぼくはもうだれかと永続的な関係を結ぶようなことはすまいと思っていた。結果的にぼくの気まぐれや多情な性格のせいでだれかを傷つけるのはもうごめんだった。特定のだれかとではなくひとりで生きようと心に決めたばかりだったのに、その夏から顔見知りだった女性と急速に親しくなり、気がつくとその女性、つまり今の妻とその年の秋には一緒に暮らしはじめていた。物静かでおだやかなのに、凛とした芯の強さがある彼女と過ごす毎日はまるで老夫婦の暮らしのようで、ぼくは安堵してじんわりと心が満たされていくのを感じた。海のようにおだやかな彼女のなかをただよっているうちに、家というもの、戻るべき場所というものがどのようなものだったのかをあらためて理解し、その心地よさがぼくにとって大切なものだったのだと気がついた。彼女との出会いを境に、自由の代償としてぼくの生活につきまとっていた孤独感は次第に薄れていった。

その年の夏、ベイエリアから戻ると怒涛の日々が待っていた。すぐにアメリカで買い付けた洋書や雑貨を持って仙台や秋田の会場を巡回し、販売するイベントを開催した。各地にいる友人、知人が呼びかけてくれたおかげでたくさんのお客さんで会場はにぎわい、直接現地で買い付けためずらしい品々だからか、本も雑貨も飛ぶように売れた。ありがたいことに買い付けた洋書や雑貨はほぼ底をつき、すぐにもう一度買い付けに行かなければならないくらいの状況だった。そして秋には佐久間裕美子さんや小西康陽さんなど、ぼくが個人的に尊敬しているビッグなゲストを盛岡に招き、すばらしいイベントを開催することができた。特に小西康陽さんをゲストＤＪとして開催したＤＪイベントは感慨深かった。10代のころからあこがれ、追いかけていた小西康陽さんにお会いできるなんて思いもしなかったし、まさか小西さんと一緒にＤＪができるなんて夢のようだった。ＤＪイベントは満員御礼、大盛況に終わった。イベント翌日は小西さんサイドから声をかけていただき、盛岡市内のレコード店巡りをすることになった。朝9時に小西さんと、同伴していた編集者の小梶嗣さんをホテルまで車でむかえに行った。9時から開いているレコード店なんてあるはずもない。それもそのはずで、ぼくらが向かった先はレコード店ではなくレコード店の倉庫だった。盛岡市のとなり町、紫波郡にある60年以上つづくレコード店はもともと無線機やラジオの修理・販売からはじまった店だった。60年の間に新品として店で販売していたレコードの売れのこり在庫がほぼ当時のまま、つまりデッドストックの状態で倉庫にねむっている、そんな噂をかつて聞いたことがあったが、その噂はほんとうだった。今回小西さんの来盛に合わせて、知人がレコード店の専務に掛け合ってくれ、特別に倉庫をのぞかせてもらうことになったのだ。倉庫と聞いて、だだっ広い町工場のような場所を想像していたのだがはたしてそのレコード店の倉庫は普通の一軒家だった。鍵を開けてもらい階段をのぼり2階へ通されると、5部屋あるすべてが床から押し入れまでレコードでギッシリだった。小西さんは淡々と一枚一枚丁寧にレコードを順に見ていく。ぼくらもつられて側にあったレコードを順繰りに見ていくが、30分もすると見るのに飽き、疲れてすわりこんでしまった。いっぽう小西さんは驚異的な集中力で一回も休むことなく、実に1時間近くその倉庫でねばり、50枚近くのレコードをホクホク顔で買っていた。その日は老舗の蕎麦処で昼食を食べ、喫茶店でコーヒーブレイクをした以外、ほぼ一日中盛岡のレコード店をまわり、レコードばかり見ていた。結果、小西さんの集中力は一日中途切れることはなかった。はじめて間近でこんな大人を目にしたぼくは驚くと同時に、感動すらおぼえた。小西さんとの出会いはこんな大人でいいんだ、こんな風に生きていいんだ、とぼくにとって自分の生き方を肯定し、ポンと肩を押してもらったような気分だった。好きなことを突き詰めること。それは自分を信じるということでもある。自分の感覚や嗅覚を信じることはすなわち自分という存在を信じ、肯定することにつながるからだ。ぼくにはこれしかない、という感覚を持つこと。たとえそれ以外の人生がダメになったとしても、きみやぼくの鼓動が高鳴り、わくわくするものを持ち続けること。それが自分の人生を全うしてでもやりたいことだったら、たぶんそれは最高の、キラキラした輝かしい人生になるんだ。

二度目のベイエリアの旅や、佐久間さんや小西さんとの出会いを経てますますぼくの店でやるべきことが明確になった気がしていた10月のある日、彼女、つまり現在のぼくの妻が泣きながらぼくの店にやってきた。いやな予感がした。なにかよくないことが起こったのだろうか。たまたまお客さんがいないタイミングだったから、泣きじゃくる彼女をなだめて話を聞くことにした。すると思いがけないことを彼女は口にした。どうやら妊娠したらしい、と。ぼくは顔が真っ青になった。ぼくも彼女も子どもを持つなんて考えたこともなかったし、ぼくらに子どもを育てる自信なんてまったくなかった。だから彼女は泣いていた。ぼくが普段から子どもを育てる自信がないと口にしていたこと、わたしも突然のことで不安で仕方がないことを、彼女はぽつりぽつりと話しだした。彼女の話を聞いているうちにぼくも少しずつ落ち着きを取り戻し、これはとても祝福すべきことなんだと気がついた。ぼくと彼女とあたらしい命。不確かでまるでさまようように生きていたぼくが子どもを授かった。この出来事がぼくにとってどんなことを意味するのか。ぼくはとにかくいまを、この瞬間を彼女と祝福すべきなんだ、なんてぼくは大馬鹿者なんだろう。ぼくは彼女にだいじょうぶ、安心してほしい、と告げた。一緒にその子を育てよう、そして結婚しようと。

子どもと疫病

再婚と同時に第一子をさずかり、すべてが順風満帆に行きかけたそのとき、あの疫病が世界じゅうのありとあらゆる都市をおおいつくし、すべてが静けさに包まれた。東京に緊急事態宣言が発令され、おおかたの経済活動がダウンしてしまった。ぼくの住む盛岡も感染者こそ出ていなかったものの例外ではなかった。人びとは街から消え、閑散とした風景がつづく街並みを眺めてぼくは毎日店に出勤した。ぼくの店も閑古鳥が鳴いていた。近隣の友人たちが営む店もおなじ状況だった。人びとは不安と恐怖におののき、世間の空気はぴりぴりとはりつめていた。ＳＮＳでは意見やイデオロギーの相違、さらにアメリカの事件に端を発した人種問題への議論がさらにたくさんの憎悪と、中傷と、断絶を生んでいた。ＳＮＳの大海原をさまよっていると息がつまりかけた。尖鋭化された言葉が宙をただよい、ギスギスとした行間の上に憎しみが沈殿していた。疫病はわれわれの世界を大きく変えてしまった。かつてあった価値観は無用の長物のように思われた。こんなときにぼくになにができるのだろうか。ちいさな、本を売ることしかできないこの本屋の店主であるぼくにできることとはなんだろうか。来る日も来る日も店を開け、机にすわり、ぼくは考えつづけた。不安と恐怖。猜疑心と自己との対話。そうした感情の連続はぼくの心を締め付け、心細さで胸がいっぱいになる日が続いた。オンラインストアで注文してくださった遠くの街に住む人びともぼくとおなじように心細く、不安な日々をすごしているだろうか。そんな人たちにひとときの安らぎを与えたり、つい衝動的になりがちな感情をすこしだけやわらげたりすることはできないだろうか。そうしたことができるのがまさに本ではないだろうか。ぼくは本を読むことでもう来ないと思われた明日に希望を見出し、前に進もうと思ったのではなかったか。このすさんだ時代に本こそが智慧をさずけ、思索をうながし、われわれの視点をひとつ高いものにしてくれるのではないだろうか。毎日をただ考えて暮らしていたぼくはあることを実行に移すことにした。それはぼくがテーマ別に選んだ一冊の本と、「六月の鹿」のコーヒー、「ｃａｒｔａ」のグラノーラを遠くに住むみなさんに届け、楽しんでもらおうという企画だった。コーヒーを飲んだり、甘いものを食べたり、本を読んだりすることで、この緊張感のある日常にひとときの安心をもたらすことはできないだろうかと考えたのが事の発端だった。そしてそれらはすべて盛岡から届けられるのだ。もしもこのウイルス騒ぎが沈静化して、人びとが自由に移動できる日がいつか来るのならば、盛岡で店を営むぼくらのことを思い出してもらえるかもしれないという思惑もあった。早速、「六月の鹿」の熊谷さんと「ｃａｒｔａ」の加賀谷夫妻に相談に行った。どちらの店も快く賛成してくれ、すぐにその企画「KEEP CALM, THINK YOURSELF」はスタートした。それからすぐにオンラインストアに全国からとんでもない数のオーダーが入った。ぼくは選書に追われ、熊谷さんはコーヒー豆を必死に焙煎し、加賀谷夫妻はグラノーラを作りすぎて腰痛になるほどとにかく慌ただしい日々がはじまった。こんな状況になるとはまったく想像していなかった。オンラインストアやインスタグラムにはたくさんのコメントが寄せられた。みな一様にこの企画で心細さがやわらいだり、だれかの温もりを感じられた、と書いてくださった。この先の見えない絶望的な世の中に、ぼくが存在している意味をようやく見出すことができた。ぼくの小さな本屋が照らしたあかりがほんとうに少しだけ、だれかのことを安心させることができたのだ。結果、この企画を通じて2ヶ月で300冊近い本を全国の人びとに届けることができた。その数字は大きな商業流通ベースからするとてもちいさな数字だけれど、ぼくにとっては本の未来を信じてもいいと思える結果だった。

ウイルスが世界中で猛威を振るっているころ、ぼくの息子は妻の胎内ですくすくと育っていた。人類の記憶に間違いなく刻まれるであろうこの疫病の時代に、産まれ落ちようとしている息子のことを考えると複雑な気持ちになった。それに、父親になることへの不安が日に日に増してきた。ぼくの両親はぼくが小学生のころ離婚してしまっていて、おまけに父親は仕事人間でほとんど家に居着かなかったから、ぼくにはほんとうの父親の記憶があまりない。その後母親は再婚し、義理の父親ができたけれども、父親というよりは伯父さんのような存在だったから、父性のサンプルがぼくには圧倒的に欠落していた。つまり父親らしく振る舞うとはどういうことなのか、よく分からないままぼくは父親になろうとしていたのだった。ほんとうにぼくが父親になれるのだろうか。自分というふだんから慣れ親しんでいるはずの存在がきゅうに得体の知れない、よく理解できない存在になりつつあるのを感じた。そんな言いようのない不安を抱えたまま、6月の終わりのある日の深夜、妻が突然破水した。妻は冷静に「あ、破水したかもしれない」と言い、びっしょりとぬれた床を拭き、服を着がえはじめた。ぼくはおろおろとしながら大慌てで病院に行く支度をととのえ、妻を乗せ車で病院に向かった。その夜はべつだん変わったことはなかった。妻は入院することとなり、一晩を病院で過ごし、ぼくは犬たちの面倒を見るために一旦帰宅した。翌日の昼に妻のところに顔を出すと、ちょうど妻は昼食を食べていたが顔色がすぐれない。聞くとどうやら陣痛がはじまったらしく、とにかくお腹が痛いという。その痛みは夕方にかけて大きくなり、夜になるころにはもう妻は痛みのあまり雄叫びをあげるようになっていた。ぼくはといえば妻の背中をさするくらいしかできない。やがて夜も更け、妻は分娩室へ向かった。それからどのくらい時間が経ったのかあまり覚えていない。ぼくも眠気で意識がもうろうとしながら妻の背中をさすり続けていると、やがて妻の局部から息子の頭が見えた。その小さな頭が見えた瞬間、ぼくは思わず「あ！」と大きな声を出してしまった。ぼくの息子。ぼくのはじめての息子。ひどく混沌としているこの世界になにも知らずにやってきたぼくの息子。彼はちいさく、ぬるぬるしていて、はじめて味わう世界の空気を落ち着いて吸い込んだあと、ゆっくりと大きな声で思いきり泣いた。新しい命はぼくにとっての未来だった。

子育ては（いまも現在進行形でつづいているが）苦労の連続だ。毎日ぐずる息子をあやし、風呂に入れ、オムツを取りかえる。掃除や洗濯を手伝い、ときには夕飯を作り、夜泣きする息子を妻と交代で抱き、寝不足のまま店を毎日開けた。本はかろうじて合間を見つけて読んでいたが、映画や音楽どころではなかった。朝6時に目覚め、犬たちの散歩に行き、朝食を食べ、息子をあやす。それからデスクワークをこなし、10時には家を出て6時すぎには帰宅する。ウイルスの影響もあるが、酒場からもすっかり遠のき、夜10時すぎにはベッドに入る健康的な生活を送るようになった。それはかけがえのない心地よい毎日だった。息子の誕生によってまったくあたらしい日常の風景がぼくの目の前にあらわれ、ぼくはそうした景色に違和感をおぼえるどころか、心から楽しみながらその只中に加わり、父親の役割を担当した。それはリアルで、タフで、手応えのある生活だった。ひとりの生活者として、ひとりの父親として、ひとりの夫として、大きく視界が広がったような、すばらしい体験だった。思えば、ぼくの人生はいままで一人称単数だった。ぼくと他者。ぼく対ぼくを取り巻く世界。ぼくだけの視野でものごとを決め、ぼくの好きなように生きてきた。どうしてなのかわからないけれどぼくの奥深い部分に他者がまじわること、同化することは決してなかった。それが真実だった。それが仮に自分の選んだ伴侶だったとしても。ところが息子が産まれてようやくぼくの人生は一人称複数になった。それは否応なしにゆるぎないつながりによるもの、つまり彼のなかをながれる血であり、家族という名のぼくたちをおおう新しい屋根組みによるものだった。ぼくだけではどうにもならない存在が増え、ぼくの意思とはべつに泣き叫び、笑い、眠る彼こそがぼくのすべてになった。ぼくとはべつの自我と日々対峙し、彼の考えを読み取る上でぼくの妻はなににも代え難い、なくてはならないパートナーだった。ぼくらは必死にぼくたちの遺伝子を持った別の個性に向き合い、ぼくらの情緒のすべてをぶつけた。だれかと共通の存在を分かち合うこと、そしてみずからの生活をなげだしても、彼の成長を心から祈ること。当たり前だがぼくも妻もそんなことは人生で一度も経験したことがなかった。結果、ぼくの人生はとてもゆたかに、楽になった。みずから進んで胸元をはだけ、ぼくという人間のすべてを開けっぴろげにしめすことになんの躊躇もしなくなった。格好をつけている暇などなかったし、ぼくには家庭という確固たる場所が生まれたのだから、なにも怖いものなどなくなった。ぼくはすすんで他者とまじわることを恐れなくなった。税金をはらい、うんちやおしっこにまみれながら息子を育て、本を売る。ぼくの人生は、〝ぼくたち〟というあたらしくも不安定でいささかあぶなかっしい船に乗り込み、つづいていくことになった。これはいままでのぼくの人生ではほんとうに考えられないことだった。ぼくの生活は息子と妻の存在によって、いままでは考えられないくらいエネルギッシュに、豊かになった。

そしてまた夏は過ぎゆく

また夏がやってきた。『わたしを空腹にしないほうがいい　改訂版』に続いて、春に新刊を上梓したくどうれいんがぼくの店でイベントをやりたいと急に言い出した。福岡の出版社から出版された今度の新刊はＩＳＢＮコードの付いた、取次を通して全国の書店に流通する本である。人びとの移動がままならず、集まることもむずかしいこの状況下で、自分の著作を読んでくださっている読者や取り扱ってくださっている本屋に恩返しがしたいのだと彼女は言う。コロナ禍のなかでぼくの店はトークイベントなどの集客イベントをことごとく中止にしていた。トークイベントはむずかしいよ、とぼくは答えた。彼女はそれから数日間沈黙し、とつぜん店につかつかとやってきてこう言った。

「トークが難しいなら、フェスはどうですか?」。「フェス?」

「フェスって、あの野外に人がたくさん集まってやるあのフェスのこと?」「はい、くどうれいんフェスをやりたいんです」

まったく彼女の意図することが汲み取れなかったが、要は彼女のこれまでの人生の振り返りをパネル展示によって総括し、お客さんに観ていただこうというものだった。さらにリストバンドをフェスに参加してくださったお客さんに配付したり、ZINEやTシャツなどフェス関連グッズのような商品を製作し、販売するという趣旨だった。なるほど、おもしろそうだ。今年のお盆休みはふだんなら帰省客でにぎわうところだが、コロナ禍のあおりでたぶん厳しいだろうとなんの企画も組んでいなかったから、ちょうどタイミングが良かった。問題はいかに感染者を出さずに安全に楽しくフェスを開催できるかだった。手洗いや換気対策はもちろんのこと、場合によっては入場制限を設けることにした。さらに遠方のお客さんでも家にいながらフェスを楽しめるようにオンラインで展示を閲覧できるようにし、オンラインストアでグッズを売ることにした。急ピッチで準備を進めていると、放課後、学園祭の準備に追われていた学生のころの夏を思い出した。外出時にはマスクが手放せず、旅をすることもはばかられる、花火大会も夏祭りもない、いつもとはちがう夏。ぼくもくどうれいん自身もこの夏を楽しみたかった。そしてなによりお客さんに、このあっという間に過ぎていく東北の夏を楽しんでほしかった。そんな思いではじまった「くどうれいんフェス」は8月8日から8月16日まで9日間の日程で開催された。連日、想像をはるかに超えるたくさんのお客さんで賑わい、オンラインストアで販売したくどうれいん関連グッズの注文も期間中絶え間なく続いた。

期間中ぼくは毎日Tシャツに短パン、ビーチサンダルで出勤し、くどうれいんもフェスを記念して製作したTシャツを着て店頭に立った。ぼくらがまず楽しむことで、来店されるお客さんや遠方からオンラインストアでオーダーしてくださるお客さんが日々抱えている不安や生きづらさからひとときでも解放され、この二度と来ない夏を心から笑い、楽しんでもらえたら本望だった。最終日の閉店数分前までたくさんのお客さんが詰めかけ、「くどうれいんフェス」は大盛況のまま幕を閉じた。まさか、くどうれいんに教えてもらうことになるとは思わなかったけれど、このイベントを通じてぼくはひとつの教訓を得た。つまり、制約のなかから最上の最良のものを生み出す努力をすること。そしてなにより苦しみのなかで楽しさや喜びをだれかと共有することの尊さ。この疫病とともに生きなければならない時代に、ぼくたちスモールビジネスの店主はどの店も自分が感染するかもしれない、来店したお客さんを感染させてしまうかもしれないという恐怖や不安を常にはらみながら経済活動を行っているアンビバレントさに悩み、苦しみ、矛盾をかんじながら毎日店を開けている。だけどぼくたちが忘れてはいけないのはなんのために店を開けているのかということだ。ただ物品や料理やサービスを売るだけじゃない、目に見えない、形にならないものを訪れたお客さんに持ち帰ってもらっているはずで、それこそがぼくたちのような小さな店がこれからの時代に大事にたいせつに守っていかなければならない篝火のようなものなのかもしれない。

夕暮れのなか店内で撤収作業をしていると少しだけ湿り気を含み、ひんやりとした夜風が入ってきた。となりで撤収作業を手伝ってくれているくどうれいんを改めてまじまじと見ていると、あんなに幼く、頼りなさそうだった女の子が、いつのまにかたくましく、いっぱしの作家の顔をしていることに気がついた。思えば彼女は全国流通する本を出版しただけではなく、大手出版社の文芸誌に連載を持つまでになっていた。しかも、盛岡市内の企業で正社員として働きながら文筆業をつづけている。仕事をつづけているのは市井の人びととの視点を見失いたくないからだ、といつか彼女は言っていた。彼女もまた、好きなことを見つけ、苦しみ悩みながら好きなことを続けているひとりだ。それもぼくみたいにドロップアウトせずに、社会と接点を持ちながら自分の好きなことをつづけている。つくづく彼女の本を出版してよかったと心から思った。そして彼女のような世に出すべき存在にまた出会うことができたら、いつか本を出せたらいいな。そう思いながら撤収作業を終えると、あたりはもう真っ暗になっていた。お盆を過ぎて、日はどんどん短くなっている。フェスの終了と同時にこの奇妙な夏も終わろうとしているのがぼくにもくどうれいんにもなんとなくわかって、ぼくらはすぐにその場を立ち去れず、その夏の残像にしばらく浸ることにした。

生計を立てる方法はいまや無数に広がっている。食べるための仕事。なんとなく続けている仕事。アルバイト。副業。株を売り買いして金を稼ぐ人間もいるし、インターネットでモノを売り、食いぶちを稼いでいるものもいる。今となっては必ずしも就職することがゴールではない。ひとの生き方が多様化している現代において働き方もバラエティに富み、ぼくたちにはたくさんの選択肢が広がっている。けっきょくのところ、ぼくは中途半端なやり方で自分の人生を設計してしまった。実にあいまいな仕事観で食うための仕事を選び、それがのちのちぼくのなかにやり場のないフラストレーションを溜めることにつながってしまった。そして仕事を変え、居住地を変え、離婚をし、ぼくの内なる声を聞き、仕事を作り出すことでようやく自分というものを発見し、仕事のなかにぼく自身を見出すことができた。本屋をはじめて3年が過ぎた。ぼくの店の前の往来を行き来する人びとも、こんな場所に本屋を構えるなんてどうかしている、という顔をして通り過ぎなくなり、ぼくにもすこしだけ本屋としての自信が生まれつつあった。家族も増え、明日より今日を生きることがせいいっぱいだったぼくにも未来というものがなんだかおぼろげに見えはじめた。ぼくの言う未来とは、いまここにあることをつづける、ということだ。無責任に無軌道に、自分の思いでかんたんにはじめたり、終わらせたりすることではなく、なにかを残すということ。それはかたちあるものや金銭的なものを残すのではなく、いわば自分の精神性のようなもののことだ。良い本を売ることが自分にとってほんとうにやりたいことで、あらゆることから自由になるための最良の方法だと考え本屋をはじめたが、実際蓋を開けてみるとやりたいことは時として目の前でかすみ、ほんとうにやりたいことの判別がつかなくなった。自由だと思っていた状態はいわばぎりぎりのやせっぽちの精神によって成り立っていて、みな今にも消えてしまいそうな自尊心と精神力でなんとか維持しているのだということもわかった。つまり、側から見栄え良く、きれいに楽ちんそうに見えることはすべてまぼろしで、みな水面下で必死に水をかき、なんとか浮かんでいたというわけだ。けっきょくのところあれだけさまざまなものが売れ、出版物やマーチャンダイズも売れ続けているが、3年間でぼくの店はほとんど儲かっていない。ぼくら家族がなんとか食べていける程度の稼ぎしかなく、ぼくは今日も本屋の奥に座り、なんだか慌ただしく働いている。朝早くから夕方まで働き続けたとしても、ぼくの時給はおそらくそのへんのアルバイトとさほど変わらない。だがここできみたちに伝えたいのはカネのことではなく、大事なのは仕事の中身で、仕事への忠誠心だ。その仕事が単調で、誰がやってもあまり変化がなく、時につまらなさを感じる仕事ならば、すぐにきみはその仕事を辞めるべきだ。すぐにきみの代わりがきみの穴を埋め、またその職場は平常に戻っていくだろうし、もしかしたら省人化によってきみの仕事はＡＩが担うかもしれない。ものすごく創造的で変化に富み、きみがやったという足跡が残る仕事。そんな仕事をするために毎日仕事場へ向かうきみは幸せ者だ。その仕事はたぶんきみにしかできない仕事だ。きみが加わり、きみのその明晰な頭脳とタフな精神力があればその仕事は前進し、きみのちいさなはたらきによって世界は少しだけ明るくなる。要はきみにしかできない仕事かどうかということが重要だ。なんびとも代替のできない、きみにしかできない仕事を見つけることには、たぶん人生を賭けてもいいはずだ。仕事は大きなよろこびだ。波紋のように社会にきみの粒子がひろがり、誰かの心になにかを残す。わくわくするような、ぜひ手にとって買いたくなるような商品を作り、それが人びとの役に立つ。心のかよった仕事こそがぼくたちが追い求めるべきことだ。嘘や欺瞞が横行するこの世界のなかで、なにをしてどうやって生きていくのか。最低賃金の仕事だったとしてもそこにきみにしかできないやり方があり、たましいがこもっていれば、その仕事は黄金だ。精神的抑圧や上っ面だけの人間関係や横暴な上司から逃れるためだけに自分のすきなことをはじめるのもいい。でもいちばん重要なのは、その仕事のなかに自分を見いだせるかということ。そしてその仕事にたましいはあるか、ということだと思う。少なくともぼくの息子には父親は好きなことをやっていたと思われたい。その好きなことにはたましいがこもっていた。彼にはまごころと、ほんとうに本を愛する気持ちがあった、と。きみがほんとうにかがやく仕事をしよう。そのためにはドロップアウトする必要も、起業する必要も、旅に出る必要も、本屋をひらく必要もない。答えはきみが毎日を生きている日常のなかにある。そしてその答えはきみのなかにあるんだ。

ぼくの50冊

ぼくの50冊

はじめ、編集者から、ぼくを構成する100冊の本を紹介してほしいと言われたときは冗談じゃないと思った。自分を形作ってくれた本などというものは絞ってだいたい10冊くらいだろうと思っていたからだ。

ところがリストにしてみると、まあ出てくるわ出てくるわ。10冊どころか70冊くらいのボリュームになり、ウンウン悩みに悩みぬいて結果的に50冊に絞った。これらの50冊はぼくという人間を構成するためにどうしても必要な50冊であり、この本たちがぼくの店の屋台骨となり、基礎となり、土台となった。

本というものはスローなメディアだ。映画が大体2時間、CDやレコードが40分であるのに比べると、個人差はあるが本を読むために何日も時間を費やすことになる。それだけ自分の生きている貴重な時間を犠牲にして、ぼくたちは本を読む。そうしたたくさんの時間を費やすかわりに、読書をするという体験からぼくたちはじつに多くの情報を得ることができる。それに本を読むあいだはひととき誰かが生きてきた時間を追体験する。ベッドの誰かと添い寝をし、犬の散歩をし、許されざる恋に心をかき乱し、サンドイッチをほおばる。それも映像はなく、活字から匂いや、たたずまいや、フォルムを想像する。読む人の意識下にある既視感や、潜在的な記憶へ活字が働きかけ、イマジネーションをつかってぼくたちは本を読む。そんなメディアは他には存在しないし、これからもあらわれないだろう。

想像力をわすれた、考えることをやめてしまった人びとが増えている。インターネットの情報をそのまま額面どおり受け取る。誰かに言われたことを自分でよく考えもせず、そのとおりに実行する。いつからそうなったのだろう。ぼくたちがインターネットを見ることばかりに集中し、本を読まなくなったことと関係しているような気がしてならない。考えることをやめるということは生きることをあきらめるのと一緒だ。だからぼくは今日も本を読み続ける。この50冊の本がきみにとってなにかを考えるきっかけになれば、ぼくはとてもうれしい。

OBSERVA-TIONS
PHOTOGRAPHS BY
RICHARD AVEDON
COMMENTS BY
TRUMAN CAPOTE
Many Are Called
Park City
BEATON
PORTRAITS by INGE MORATH
SHAKER ARCHITECTURE
APERTURE
CHRONICLE BOOKS
THE AMERICANS
KERTESZ
The Bikeriders
Danny Lyon
RALPH LAUREN
DRESSING RIGHT
RUDI GERNREICH
Joseph Beuys
RAYMOND PETTIBON
TIBOR
ANDY WARHOL'S CHILDREN'S BOOK
ANDY WARHOL'S EXPOSURES

アラム・サロイヤン／ニューヨーク育ち－わが心の60年代－

社会を変えるのはいつも名もなき個人だ。ドラマツルギーや奇想天外な人生とは無縁の、市井の名もなき人びとのありふれた人生こそ、いちばん輝いていると思う。権力に反抗し、社会を変革しようと運動に参加しなくとも、菜食主義や動物愛護や地球温暖化のほうへ意識を向けなかったとしても、恋に落ち、愛する人とともに暮らし、子を作り育てるほうがよっぽどラディカルで尊くうつくしいことだ。1960年代ニューヨークのアートシーンを駆け抜け、友人たちと出版社を作り、国中を放浪し、カリフォルニアの小さな港町で家族を作った。ベトナム戦争、ヒッピー、学生運動etc…混沌とした愛の時代（ラヴ・ジェネレーション）の端で起こった非政治的な個人史。詩人・作家アラム・サロイヤンが綴った等身大のこの自伝は特に大きなドラマはなにも起こらない。家族を作り、生活をしていくこと。ただ生きていくこと。激動の公の時代であった60年代を経て、個人の時代と言われた70年代を生き抜いたサロイヤンの青春は、いまもまったく色褪せていない。大人になるってこと。それはなにかを諦めることではなく、生きることに向き合うということなんだ。

リチャード・ブローティガン／芝生の復讐

長いあいだ憧れつづけているアメリカという国のどこにそんなに惹かれるというのだろうか。おそらくぼくが魅了されているのは父性をふりかざし、封建的で男性的に振る舞うアメリカではない。その陰でメソメソと泣いている弱っちくて女性的なもうひとつのアメリカのすがたに、ぼくはたまらなく惹かれてしまう。前者の代表格がハンフリー・ボガートであり、ヘミングウェイであり、その系譜にドナルド・トランプも鎮座しているとするならば、後者の代表格はピーター・フォンダであり、リチャード・ブローティガンであり、バーニー・サンダースなのだと思う。リチャード・ブローティガンという作家の視点は一貫していた。高齢者しか乗っていないバス、灰色の毛布に包まれたマリリン・モンロー、第一次世界大戦にパイロットとして従軍した妻の父親の死。繊細でメランコリックな筆致で、ユーモアたっぷりに旧来の価値観に囚われた人びとを描くことで彼は男性的なアメリカの価値観、その崩壊を描いている。この短編小説がいまも輝きを失わないのは、古い価値観がまだこの社会にはびこっていて、ぼくらがもっているあたらしい感覚でいまだそれを乗り越えられていないからだ。

北山耕平／自然のレッスン

世のなかがどんどん便利に合理的になるにつれ、失われていくものがある。忘れ去られて、すみに追いやられてしまうもの。時代おくれと嘲笑され、置き去りにされていくもの。そんなもののなかにもぼくらが未来を生きぬくための叡智は隠されていて、いつかぼくらが見つけてくれるのをじっと待っている、そんな気がしている。

『宝島』という伝説的な雑誌（まだカウンター・カルチャーの影響を受けていたころ）の編集長をつとめ、『ポパイ』の創刊にもライター・編集者としてたずさわった北山耕平が書いたこの本は、いまもなお版を重ね、ぼくの店でもコンスタントにゆるやかに売れつづけている。ドロップアウトして放浪したり、人里はなれた山奥で暮らすことが現実的ではないわれわれ文明のなかで生きる人間たちに、都会のなかでも感覚を研ぎ澄ますことはできる、そう教えてくれている本は後にも先にもこの一冊をおいてないかもしれない。簡潔にして明快なこの本をバイブルのように持ち歩いている男女をぼくは何人も知っている

日本のカウンターカルチャーが生んだ、まさにエバーグリーンな一冊。

マーク・ヴォネガット／エデン特急　ヒッピーと狂気の記録

マーク・ヴォネガットは有名な小説家カート・ヴォネガットの息子で、60年代終わりのアメリカで大学を卒業後、徴兵を拒否、既存社会からドロップアウトし、友人たちとブリティッシュコロンビアにコミューンを作った。そうしたヒッピー的な生活のなかで起こる精神の変調。狂気とドラッグとヒッピー・カルチャーがグシャグシャになった変奏曲のなかでヴォネガットの青春が終わる。これは既存社会や偽善的で威圧的な父親に反抗し、まったくあたらしい価値観で社会を作ろうとした若者の青春譚であり、現代文明のなかで狂気の淵をさまよった患者のドキュメントでもある。クリシュナムルティは「深く病んでいる社会によく適応することは、けっして健康の尺度にはならない」と言った。精神科医のR.D.レインは「分裂病は狂った世界にたいする合理的な反応である」と書いた。世界が狂っているのか、ぼくらが狂っているのか。大量消費社会を生きるぼくらにとって、あまりにもぼくらの精神はもろく、一寸先は闇である。正気を保つためにはばかなふりをしなければ。小難しくかんがえず、とにかく明朗に、見て見ぬふりをして生きることが正気を保つ唯一の手段なのかもしれない。

ゲイ・タリーズ／ニューヨーク〔パートI〕名もなき人々の街

アメリカ文学の森を突きすすんでいくと、やがて〝ニュー・ジャーナリズム〟という立て看板にぶつかる。客観性こそジャーナリズムの基本、と考えられていた時代に、より取材対象に接近し、主観性と混じり合った文章を書いたり、フィクションの形式をとった物語風の構成でありながら、中身は完全に実在する名前や場所である、そんなジャーナリズムのことだ。ぼくがもっと若いころはニュー・ジャーナリズムの作家たちのなかでもトム・ウルフやハンター・S・トンプソンに夢中になったものだけれど、一見地味なゲイ・タリーズがいまはちょうどいい。彼が一貫して書いてきたのは無名の、街のなかですれ違っても気がつかないような人びとのことだ。ベルボーイやクリーニング店、バス運転手や靴磨き、電話交換手やホームレスたちのある日の、ある人生の時期をひろいあげ、そこに存在する事実を描いていく。そうしたちいさな連なりが集積すると、彼の本のなかにひとつの街が浮かび上がる。いつまでも眠らない街、古ぼけて老いぼれてもなお人びとを魅了しつづける街、ニューヨークという街だ。

アンディ・ウォーホル／ぼくの哲学

人見知りでいつも自分の殻に閉じこもっている、生真面目で節約家のシャイな移民の青年が特別な存在になり得たのは、彼が孤独であったことと関係していると思う。ひとりである、ということはものごとを俯瞰でき、深く推察することができるからだ。彼がメガネの奥から繁栄に向かうアメリカを、世界をじっと見つめたとき、芸術とは車やテレビや冷蔵庫とおなじように繰り返し生産され、かんたんに消費されるものだと気がついたはずだ。すぐれた芸術とはいつも孤独から生まれる。そして享楽的で、ポップな人生のうらにはかならず深い内省がある。20世紀最大のアーティストであるアンディ・ウォーホルがこの本を通じてぼくに語りかけたのは、そういうことだ。この本をはじめて町の書店で買い求め、読みふけっていたときのぼくはひとりきりで誰ともうまくやれなかった。だが、ぼくの人生に横たわっているそうした孤独感や行き場のない哀しみこそ、きみは特別だと証明されているようなものだ、とアンディに繰り返し諭されているようで、ぼくはこの本を読むたびにいつも救われた気持ちになった。

サム・シェパード／ローリング・サンダー航海日誌
ディランが街にやってきた

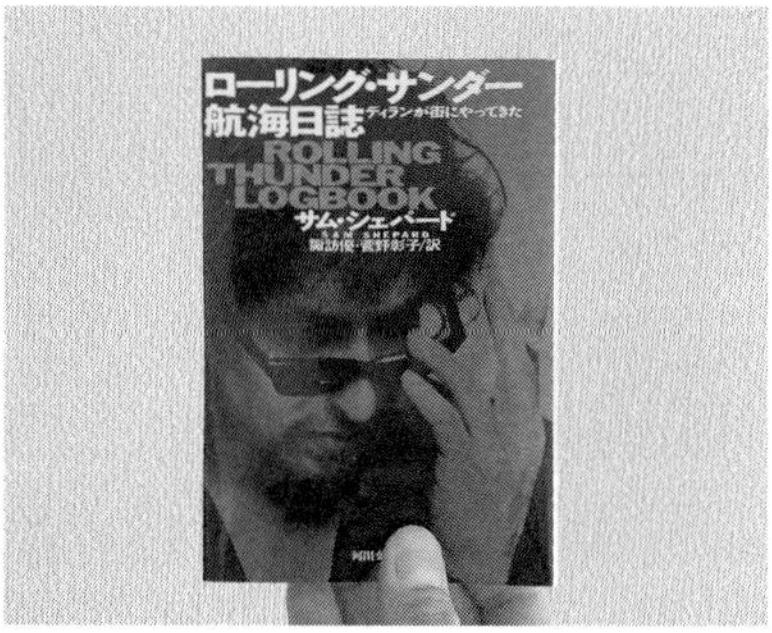

60年代の終わりごろ。人びとが学生運動や市民革命にいそしみ、石や火炎ビンをなげていたころ、たくさんのミュージシャンたちが自由や解放や革命を歌っていたというのに、1966年にオートバイ事故を起こし隠遁生活を送っていた彼はもう時代の先導者ではなかった。ディランはそこにいなかったのだ。そして60年代が終わり、ぴかぴかとした70年代の幕開けとともにさまざまなことが終わった。革命とは夢で、当事者たちの内側からさまざまなものが崩れおちた。けっきょくのところ既存の体制はびくともせず、運動に参加していた人びとは髪を切り、日常生活にもどっていった。あの馬鹿騒ぎがなにごともなかったかのようにしずまりかえっていた70年代半ばのアメリカで、ディランはバンドを率い、ギンズバーグらの詩人やジョーン・バエズらの60年代的なアイコンをたずさえてアメリカ全土を精力的にツアーで回り始めた。彼はいったいなにを考えていたのか。それは60年代的な精神をリマインドせよ、というアメリカ国民へのメッセージだった。ツアーに同行した若き劇作家サム・シェパードが実に臨場感たっぷりに描く伝説的なローリング・サンダー・レヴューの日々は、いまもなおみずみずしい。

ポール・ウィリアムズ／アウトロー・ブルース

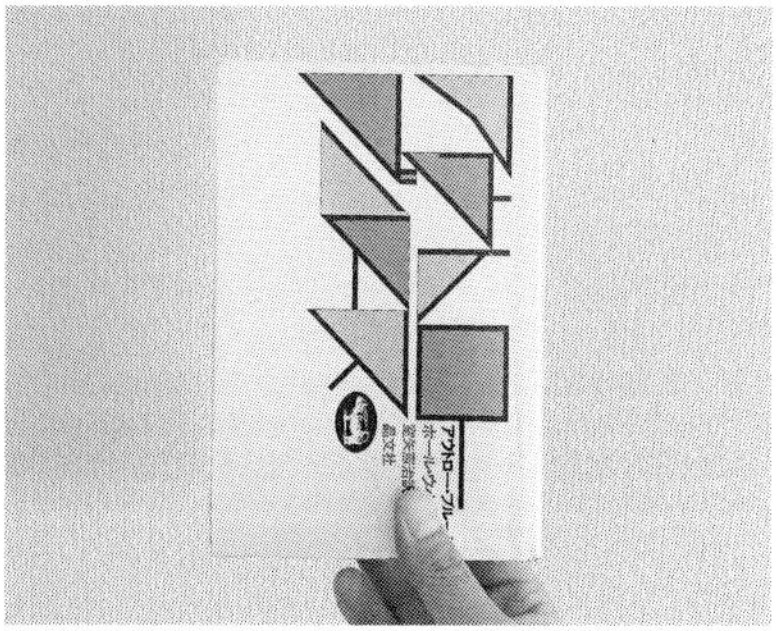

地元のジャズ喫茶でシブい曲をリクエストすると、ぼくらはよく「ＣＤから入ったカタログ世代め」と店主にからかわれた。じっさいぼくらはさまざまな時代の、さまざまなジャンルの音楽を好奇心のままに、横断的に聴くことができたはじめての世代だったのではないだろうか。そうした聴き方ができたのは大概のすぐれた音楽がＣＤで再発されていたこと、そしてもうひとつは音楽批評が確立されていて、評論をたよりにすばらしく深い音楽の森に踏み込めたことが大きい。

ポール・ウィリアムズは１９６６年、17歳で『クロウダディ！』という世界初のロック批評誌を立ち上げ、ロック評論家、ジャーナリストとして活躍した。それまでにも音楽誌は存在したが、単に歌手やレコードを紹介するだけでなく、ロックが自分の人生のなかにどっぷりと入り込み、スポンジのようにそのなかにあるメッセージを吸収し、われわれに伝えられたのはそれがはじめてだった。20代のころ、この彼の処女評論集に出てくるレコードをそれこそポールにならって繰り返し聴き続け、彼の本を何度も読んだ。ロック・ミュージックこそが人生のすべてだと言い切れる、すべての若者たちに読んでほしい。

レナード・コーレン／西海岸共和国だより

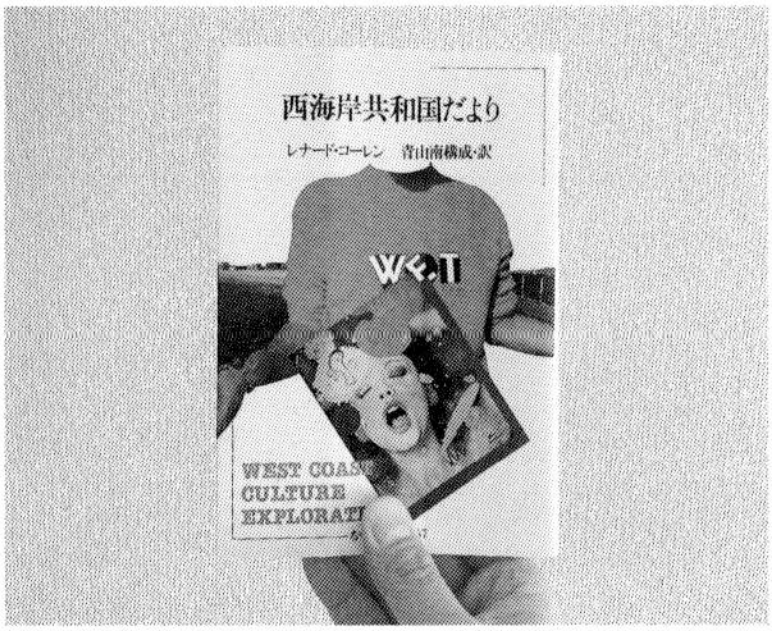

レナード・コーレンという編集者はほんとうに不思議な人だ。作家スーザン・ソンタグがその著書『反解釈』で提示した〝キャンプ〟という感覚をアンディ・ウォーホルとともに唯一理解していた人、と言っていいと思う。キャンプとはつまり俗っぽさを意識的に捉えた表現のことだ。70年代に日本の温泉や世界の風呂の楽しみ方を紹介したパンクでアヴァンギャルドな雑誌『ＷＥＴ』の編集長だったレナード・コーレンは、湯船に浸かることでまったくあたらしいウエストコースト的なライフスタイルを提案した。その後、奥さんが日本人であったことから度々日本を訪れるようになったコーレンは日本の茶文化に惹かれ、そうした文化のなかからある感覚を発見し、魅了され、本まで書いてしまう。その感覚とは〝侘び寂び〟のことである。そのコーレンが西海岸を駆けずりまわり、70年代後期の〝行動する人間たち〟の文化と生活を取材したフォト・ルポルタージュ。神秘主義、ハイテク、低予算映画、カウボーイ、チカーノ文化、浮世絵、畳、禅にヨガ。２０２０年代のいまもなお、この本はキャンプであたらしい。この本でコーレンに興味を持ったきみへ。『Wabi-Sabi わびさびを読み解く』の併読もお勧めします。

赤瀬川原平／千利休　無言の前衛

それしても勅使河原宏という映画監督はすごい人だ。脚本を書いた経験のない、映画の世界では門外漢の前衛芸術家・赤瀬川原平に自身の映画の脚本を依頼した。その映画は赤瀬川がまったく専門外の、千利休の話なのだ。まず赤瀬川原平がとりかかったのが自身が疎かった日本の歴史を知ることで、手はじめに漫画の日本の歴史を読んだという逸話が面白い。映画「利休」の脚本を書き上げた赤瀬川がつぎにとりかかったのが、千利休という稀代の芸術家の正体をあばき、日本的なものの正体を解き明かすことであった。千利休は茶の湯というフォームをつかい前衛的な文化を桃山時代に作り上げた。利休の芸術が成立したのはやはりここが日本であったからだ、と赤瀬川は推察する。つまり、茶の湯とは無用なものの集積である。無用であるということこそが「侘び寂び」であって、そうしたあいまいなものを見つめる空気も風土もヨーロッパ的な文化には存在しないのだ、と。合理的にはなれない、推し量れないあいまいさこそが日本的なものの正体で、きみたちやぼくのあいまいさもそこから来ているのかもしれない、と考えるとなんだか深くうなずいてしまう。

川端康成／美しい日本の私

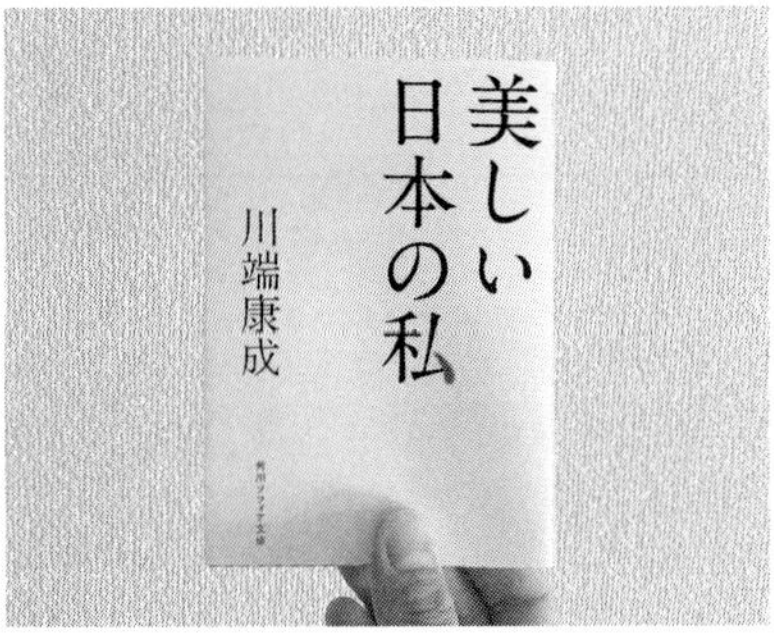

月のあかるさや雪の白さ、枯れた花や夕日の影をみてうつくしいと思う気持ちはおのずと自然にわきあがるものだ。そうしたうつくしいものを見たときに去来するあのむなしさはなんだろうと子どものころからずっと考えていた。アメリカ文化にばかりかぶれていたぼくが、日本の四季や自然の細やかな機微の持つ美や、本来自分に備わっているはずのいわゆる日本人的な感性に目を向けるきっかけになったのは川端康成の『美しい日本の私』を読んでからだ。

１９６８年にノーベル文学賞を受賞した川端がストックホルムのスウェーデン・アカデミーで講演したこの演説は、われわれ日本人ならば理解できるであろう〝日本人の心〟に触れている。その心とは自然を見てうつくしいと思う気持ち、そこに立ち現れるヨーロッパ的な感性とはまったく異なる無常観、ひいては死生観である。虚無とは異なるそうした感覚のことを川端は16ページ足らずの文章のなかに閉じ込めていて、読み返すたびに新たな発見があり、しみじみと心に染み渡る。国を愛するということは誰かに強制したり、押し付けたりすることじゃなく、自分のなかにある価値観をだいじにすることなんだ、とぼくはこの本を読み返すたびに思う。

浅井慎平／気分はビートルズ

時代の気分というものがある。それは目には見えない、けっしてつかむことのできない空気のことで、その空気感を理解した者だけが体現できる態度や姿勢のようなものだ。前の時代の暗くじめじめとした陰湿で日本的な空気を追い払うかのように、1970年代初頭から半ばにかけて写真家・浅井慎平が文章と写真によって提示したのは、まさに時代の気分だった。それはアメリカという国が持っているカラッとした風のことであり、リバプール生まれの4人の若者たちが持っていたまったくあたらしい感覚のことだった。ここには深刻さや深遠で哲学的な何かは存在しない。そこにながれている空気をひょいとつかまえ、じつにクールで洒脱な感覚でぼくらにまったくあたらしい世界を見せてくれているだけだ。ぼくらは彼が書いた文章や彼がフィーリングで撮った写真をただ読んだり、眺めたりすればいい。そこにはまったくあたらしい、日本の気分がある。この本が出版されてから40年以上経っているというのに、たとえばぼくらが雑誌『ポパイ』を読んだり、お洒落なコーヒースタンドなどに行ったりしたときに味わう感覚に近いといえばわかりやすいだろうか。この本が持つ気分はいまもなおあたらしい。

片岡義男／10セントの意識革命

きみが食べているそのハンバーガーでも、ノートブックでも、ヒップホップでもいい。生活の、日常のなかにあふれる事象の一つひとつをつぶさにのぞいていけば、かならず文化という入り口がぽっかり口を開けて待っている。戦後、ナントカ学というきまじめな迫り方ではなく、ごくカジュアルにそんなことを意識させた書き手というのはたぶん片岡義男がはじめてではないだろうか。彼がじつにアメリカナイズされた表現で描く事柄すべては、じつはどこにも存在しない。それは日本にもなく、アメリカにもない。それは日系三世として生まれた片岡義男そのものであり、そこにひろがる虚構こそがぼくたちが住む日本という国であり、戦後の日本人のアイデンティティなのだと思う。折衷主義によって戦後驚異的な復興を遂げ、急激な経済成長を成し遂げたぼくたち日本人は、その代償として過去に持っていたすばらしくおおらかで奥ゆかしいオリジナリティをいつのまにか失ってしまった。その変遷をかたわらで見つめてきた片岡義男という知性がぼくたちに語るのは、大量消費社会（アメリカ）というフィルターを通して見えてくる日本人の後ろ姿の滑稽さであり、哀しさなのかもしれない。

安西水丸／手のひらのトークン

60年代の終わり。東京の大手広告代理店を辞めた主人公が、なんのあてもなくニューヨークへ向かう。

あとを追ってきた恋人と暮らす激動の時代のニューヨークの街での、焦燥と逡巡の日々。イラストレーター安西水丸が自身の渡米経験をもとに綴ったセンシティブでモダンなこの青春小説を、アルバイト生活をしていた20代前半のぼくは古書店で買い求め、自身のあてどもなく先の見えない生活と主人公の心境を重ね合わせながらなんどもすり切れるくらいに読みつづけた。

幸運にも安西水丸夫人である満寿美さんが店にいらしたことがあって、話の流れでこの本のことについて伺ったのだが、ニューヨークに住んでいたのは事実だけれどこの本の内容はまったくのフィクションですよ、ときっぱりと仰られ、かなりショックを受けた記憶がある。後々になって考えてみると、フィクションはフィクションでいいじゃないかと思えてきた。なにせニューヨークはそうした夢や幻想を抱かせるのにはじゅうぶんな街で、星の数ほどのうつくしい青春があの街にはあるはずだから。

カテリーヌ・ミリネア、キャロル・トロイ／チープ・シック：お金をかけないでシックに着こなす法

高校生のころ、ぼくがセール品を買ってくると「安物買いの銭失いをするな」と母親によくたしなめられた。お得にたくさんのものを買うことができたのだから、何を言っているのだろうとそのときは憤慨するのだが、けっきょくのところそうしたものたちはすぐにくたびれてしまうか、流行にそぐわなくなってくる。それからたくさんの失敗をかさねて、安くていいもの、長持ちするものを見つける目を養うこと、値が張っても気に入り、長く使うことのできるものを買うことがいい買い物なのだと気がつく。70年代の終わりに出版された『チープ・シック』はすでに20刷以上の版をかさねるロングセラーだ。新刊本をふつうに書店で買うことができるのは、その中身がまったく古びていないことの証左だろう。古着や軍の放出品、スポーツウェアなどチープなアイテムと風化しないスタンダードなものを組み合わせることのシックさをいまもこの本が教えてくれる。スタンダードなものは値がはるけれど、やっぱりいい。そういうものを手に入れることは財産を手に入れることとおんなじなんだ。

ジョーン・ディディオン／60年代の過ぎた朝

２０１５年、ジョーン・ディディオンが「セリーヌ」の春夏広告キャンペーンに起用されたとき、ぼくは拍手喝采した。なぜなら彼女こそ世界でいちばんシックな女性だとかねがね考えていたからだ。それは容姿やファッションセンスのことだけを言っているのではない。彼女の書くものやライフスタイル、生き方すべてがたまらなくシックなのだ。そんなディディオンの代表作と言える『60年代の過ぎた朝』はあの狂乱の時代のドキュメントだ。だが、どうだろう。何度読んでも熱情や興奮を感じることはまったくなく、彼女の文章からは１９６０年代という時代を冷徹な突き放した視線で見つめているような、不思議な距離感を感じる。じっさい、彼女は60年代の渦中にいて、その真っ只中をくぐり抜け、生きのびた。だが、彼女が住んでいたのはストリートではなく、ロスの高級リゾート地である。ハリウッドや音楽産業のセレブリティたちとの交流のなかで見えはじめたハリウッドの死。60年代の末路を極めて私的に捉え、あの時代の空気感をリアルに描き切ったニュージャーナリズムの傑作。この本はぜんぜん古びていないどころか、いまの時代の空気と不思議とシンクロする。

カルヴィン・トムキンズ／優雅な生活が最高の復讐である

哀しいことやつらいことから目をそむけるのではなく、あくまで生きる態度として不幸に呑まれまいとすることが「優雅さ」である。その優雅さを保ち続けるということはたぶん少しずつ自分のなかの何かが死んでしまうということなのではないだろうか。小説家のフィッツジェラルドが憧れ、短編『夜はやさし』のモデルになったという画家のジェラルド・マーフィーとセーラ夫妻も、そのように自己の内なる何かを殺しながら優雅さや快適さに重点を置いて暮らした人間たちであった。ヘミングウェイやピカソ、レジェやコール・ポーターたちとの交流のなかで描かれる彼らの波乱に富んだ人生は、運命の残酷さや人間の誠実な営みとは何かを我々に教えてくれる。カルヴィン・トムキンズのこの160ページ足らずの薄い本のことを思い出すとき、この本の最後に置かれたレジェの言葉がいまでもまざまざとよみがえる。ふと立ち止まり、はたしてぼくはいまどちらだろうかと自分の生き方を見つめ直してみるのだ。〃快適な生活とひどい仕事、ひどい生活と美しい仕事、どっちかだよ〃。

アーネスト・ヘミングウェイ／移動祝祭日

〝もしきみが幸運にも青年時代にパリに住んだとすれば、きみが残りの人生をどこで過ごそうともパリはきみについてまわる。なぜならパリは移動祝祭日だからだ〟という有名な出だしではじまるヘミングウェイ61歳の絶筆。人間は死ぬ間際に幸福だったころを走馬灯のように思い出すというが、ヘミングウェイにとってのそれはパリで過ごした青春の日々なのかもしれない。なかでも『偽りの春』という短編が大好きだ。

競馬場で思いがけないチャンスに恵まれた若く貧しい夫婦はシャンパンで乾杯し、高価なディナーを味わう。普段は新しい衣類どころか大事な本を買うお金もなく、ろくに昼食もとらずに公園などを歩き回って空腹を紛らすような暮らしに突然やって来た春。つましくうらぶれたように見えていたパリの街が突然木々や花々は生命に満ち、セーヌはきらきらと波打ち、すべてがふたりを祝福しているかのように輝き出す。だがそれは偽りの春。ほんとうに必要なこと、大切なことを忘れてはいけないという話だっだと思うが、あんなに活き活きとパリの街を描いた小説はそうない。春はまだ遠い東北のこの場所からでも、この本を開けばあたたかで自由なパリの空気をいつでも味わうことができる。

スタッズ・ターケル／仕事（ワーキング）！

この本、なにせすさまじいボリューム（700ページ以上！）なので買うかどうか迷った。しかも古本でもぼくが購入した当時で5、000円以上する代物だった。

スタッズ・ターケルはインタビューを得意としたジャーナリストだった。それも政治家や作家や弁護士などには目もくれず、きわめて匿名性の高い市井の人びとに好んでインタビューをおこなった。その膨大なインタビューから浮かび上がるのはアメリカの近代史のなかで人びとが翻弄される姿、そして人間が生きることの目的や良心のようなものだ。この本は仕事のなかにある、うつくしいもの、尊いもの、働くことの意義、そうした部分に光を当てたスタッズ・ターケルの名著だ。新聞配達、農場季節労働者、製靴工場の注文係、坑夫、クレーン操作者、脚本家、俳優、モデル、専業主婦など115の職業、133人の人びとにインタビューをおこなうことで、アメリカに生きる名もなき人びとの日常があらゆる職業から見えてくる。ターケルは最後にこう結んでいる。〝時代がどんなにひどく、公けのことがどんなにバラバラでも、われわれが「ふつう」とよんでいる人たちは、その仕事のなかに、それぞれ個人的な価値を自覚している〟と。

レイモンド・カーヴァー／ささやかだけれど、役にたつこと

彼のどの短編でもいいから読んでみてほしい。それまで読んでいたアメリカ文学とレイモンド・カーヴァーが決定的に異なったのはごくありふれた労働者階級の人びとの営みが描かれていたことだ。そこにはボルボを乗りまわす大学教授も、マティーニも、白人男性の自我の探求も登場せず、人びとはみなぬかるみのような生活に苦しみアルコールに溺れ、危機に直面し哀しみに暮れ、金銭的に困窮しほうぼうを歩きまわる。それらが沈鬱で暗くならないのは、かならずそこに希望があり、ユーモアがあり、書き手である彼のやさしい眼差しがあるからだった。

レイモンド・カーヴァーをはじめて読んだころのわが家は、まさに彼の小説の登場人物の世界だった。再婚した母は次々に職を変える夫に苦しみ、高校生のころのぼくは継父との関係に葛藤し悩んでいた。貧しさを抱え、なんの楽しみもなく働くことしかなかった親たちの生き方に反発するように文学の世界に浸っていたぼくは、文字通りレイモンド・カーヴァーを読んで救われたような気持ちになった。この本はいまも誰かの人生に光をあたえているのだろうか。

デヴィッド・フォスター・ウォレス／これは水です

アメリカのポストモダン作家デヴィッド・フォスター・ウォレス（以後ＤＦＷ）は２００８年、カリフォルニア州クレモントの自宅で首を吊っているところを妻に発見された。この本はその3年前にケニオン・カレッジの卒業式に招かれ、スピーチした内容をまとめたものだ。退屈と決まりきった日常、そしてささいな苛立ち。社会生活を営む者が直面するこの閉塞感につつまれた毎日がなぜやってくるのかをＤＦＷはとことん突き詰め、それはわたしたちが無意識に自分が世界の中心だと思っているからだと結論づける。お金やモノ、名誉にひきずられてしまうのはわたしたちが自己中心的だからであり、そうした考え方はわたしたちの初期設定で、初期設定をアップデートしていくことこそが、ほんとうの自由なのだとＤＦＷは卒業生たちにあたたかな眼差しで伝える。アップデートするには真摯にまわりに生きる人たちと向き合うこと。他者への敬意と思いやり。ほんとうに大切なものとは誰であり、なんなのか。それに気づいた者こそが人生を豊かに生きられるのだとＤＦＷは締めくくる。ぼくもいまだ必死に初期設定をアップデートしている最中だ。ＤＦＷのような最期を迎えないために。

エリック・ホッファー／エリック・ホッファー自伝

日中は臨床検査の助手をして、夜は週3回ほど運送会社の積み込みの仕事やラーメン店で接客をしていたことがある。20代のころの話だ。時給はよかったが仕事自体はとてもハードで、掛け持ちは体力的にとても辛かった。それでも1年くらいそうしたダブルワークを続けられたのはアルバイト先で働いている面々を観察するのがとても興味深かったからだ。10代で2人の子持ちとなった女の子、昼は洋菓子店で働くパティシエ見習い、パチンコだけで生計を立てる自称パチプロ。じつにさまざまな人たちが入っては出ていったが、なかには高齢でさまざまな職を転々としたのちにその仕事にたどり着いたような人たちも混ざっていた。彼らは人生の落伍者らしいだらしなさがどこかにあったものの、生活のなかで生まれた叡智のようなものをみな持っていて彼らの話に耳を傾けるのが好きだった。そのころぼくはこの哲学者であるエリック・ホッファーの自伝を読んでいて、視力を失い、自殺未遂を図り、全米中を放浪し、港湾労働者として働きながら社会の底辺で思索を重ねたホッファーと彼らの人生を重ね合わせていた。幸福とはなんだろうと考えるとき、いつもホッファーと彼らのことを思い出す。

マイク・マグレディ／主夫と生活

まったく男というやつは。単純なのに変なところにこだわりを持ち、いつまでも自分が世界の中心だと思っている自意識過剰な生き物。バーで肩を組みながら飲み明かし、家庭を顧みず深夜まで仕事に明け暮れ、家事になんの関心も興味も抱かなかったかつての男たちも、時代の流れとともに変化を余儀なくされた。仕事と家庭の両立は当たり前、育児にも積極的に参加していくいまの時代の男たちをたのもしく思うし、料理上手で家事上手ないわゆる主夫たちがもっと巷に溢れてもいいと思う。アメリカの全国紙「ニューズデイ」の人気コラムニストだったマイク・マグレディが一切の仕事を辞め、主夫に専念した記録であるこの本に、その物分かりのいい男たちが誕生するまでの葛藤と逡巡が描かれている。男たるもの、とか男らしさという幻想とたたかいながら、ウーマン・リブ（今でいうところのフェミニスト）の妻に理解を示し、子どもたちのアイスクリームでべたべたの衣服を取り替え、スーパーに買い出しに出かけ、料理に奮闘する。男たちの、社会の変遷の歴史を知る上でも実に興味深い一冊。

PLAYBOY編集部・編／ジョン・レノン PLAYBOYインタビュー

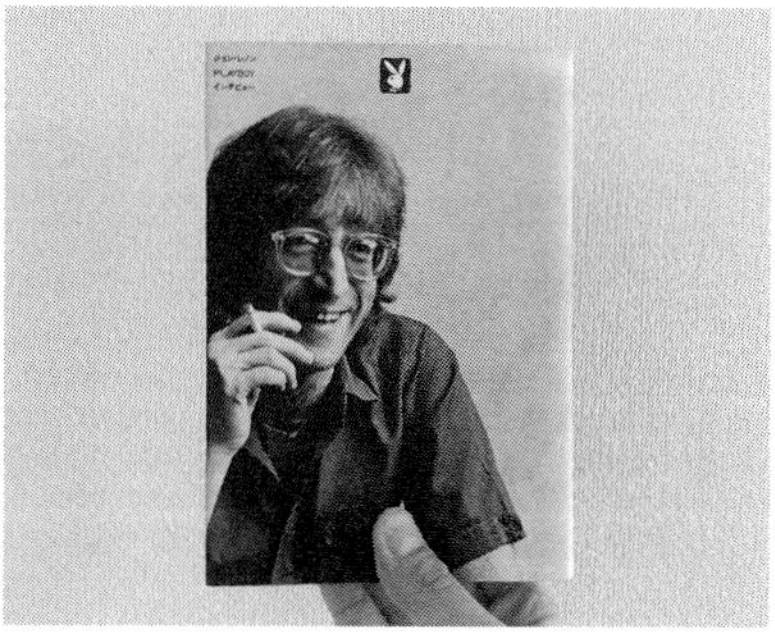

ビートルズのころのジョンは、リバプール仕込みの男尊女卑的な考えをもったふつうの青年だった。そんなマッチョな青年がスターダムに登りつめ、大金を手にし、セレブリティとなったとき、どんな風に人生が破綻していくか、だいたいみんな想像がつくだろう。ジョンが破綻した人生を送らなかったのはひとえにヨーコという賢明な女性に出会えたからであり、ヨーコと息子ショーンとの生活者としての時間がジョンをふつうの男にもどしたのだと言える。

１９８０年、長い沈黙を破り新作「ダブル・ファンタジー」で世間の前に再び姿を現したジョン・レノンがプレイボーイ誌のために語ったビートルズのこと、離婚のこと、資産や女性の権利、子育てや父親であること。単なるロック・ミュージシャンのインタビューとしてではなく、家庭を持つ、そしてこれから家庭を持とうとしているすべての男性に読んでほしい一冊。40年も前にジョンはいまでいうところのイクメンになり、フェミニズムを理解した進歩的な父親だった。ジョンへの愛情に溢れた横尾忠則の美しい装幀も最高。

植草甚一／知らない本や本屋を捜したり読んだり ワンダー植草・甚一ランド 第二集 アメリカ編

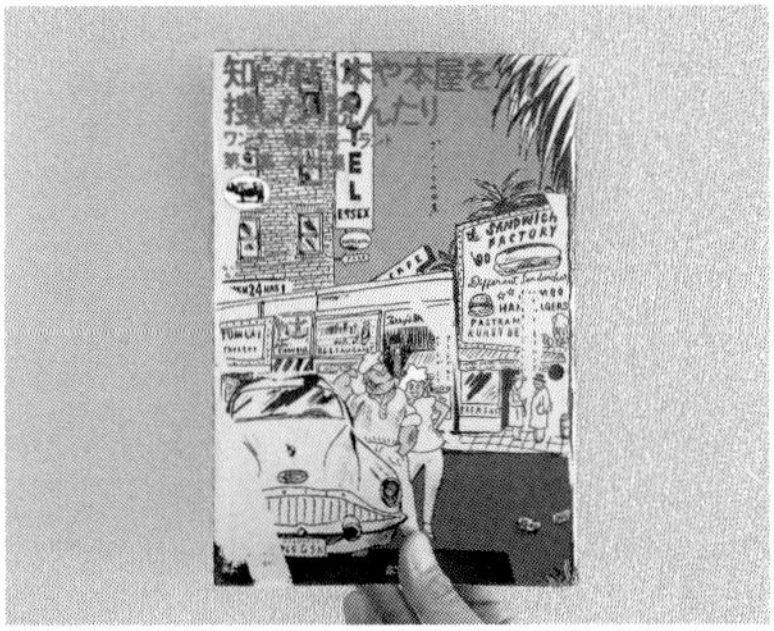

J・Jおじさんこと植草甚一は明治生まれのジャズ評論家で映画評論家。ハリウッド黄金期やモダン・ジャズはおろか当時最先端であったフリー・ジャズやヒッピーカルチャーにも精通し、ヘンテコでカッコいいおじさんとして70年代に一世を風靡した。数ある植草甚一の逸話のなかでいちばん好きなエピソードは彼は66歳になるまで一度もアメリカの土を踏んだことがなかったのに、グリニッジ・ヴィレッジを自分の庭のように知っていたという話。ニューヨークの街並みを歩くように、たくさんの映画を観て本を読みふけり、憧れを募らせていたに違いない。植草さんの本は数多くあれど、一番好きな本は?と聞かれれば間違いなくこの本を選ぶ。ニューヨークを我が街のように自由に闊歩し、古書店やアンティークショップをのぞき、子どものようにはしゃぐJ・Jおじさんがたまらなく可愛いし、ヴァラエティブックとしての本の魅力も秀逸。J・J氏の文章もさることながら、湯村輝彦や河村要助、和田誠や佐々木マキなど錚々たるイラストレーターが大挙して参加。平野甲賀の斬新なレイアウト、ブックデザインも冴え渡っている。

山口瞳／行きつけの店

サラリーマン時代に在籍していた会社は接待がほとんどない環境だったが、秋田勤務時代の上司Sさんが酒好きでよく酒場に連れ出された。それまでほとんど日本酒を飲んだことのなかったぼくは、Sさんから美味しい日本酒とは何たるかを教えてもらったような気がする。仙台に転勤してからは部長のYさんが食通で通っていて、彼に毎週のように色々な店に連れて行かれた。彼らはぼくに酒の飲み方から酒場での作法、人づきあいまでそれこそ手取り足取り細かく教えてくれた。彼らはぼくにとって社交場の先生だったのだと今さらながら気がついた。教官が彼らならば、教則本は山口瞳や池波正太郎の著作だろう。山口瞳の『行きつけの店』を読んで、ぼくもこんな風に馴染みの店を持つ大人になりたいと思った。銀座のはち巻岡田、祇園サンボア、国立のロージナ茶房、山の上ホテル。この本を読んで訪ねた店はけっきょくぼくの行きつけの店にはならなかったが、それでいいのだと思う。たとえばそのような場所ではどのようなことに気配りがなされていて、どんな客たちがいるのか。そうした些細なことを垣間見ることができただけで幸せだ。いま、ぼくにもようやく行きつけの店が何軒かできた。

小西康陽／ぼくは散歩と雑学が好きだった。
小西康陽のコラム 1993-2008

『これは恋ではない　小西康陽のコラム１９８４－１９９６』でも『わたくしのビートルズ　小西康陽のコラム　１９９２－２０１９』でも、小西さんの本ならなんでも良かったのだけれど、一番繰り返し読んだ一冊を。ピチカート・ファイヴの音楽と、小西さんのコラムには共通点があると以前から強く感じていた。フィクションのなかに含まれた真実。フェイクのなかにある本質。キャッチーでグルーヴィーな楽曲にも、たぶん誰かへのメッセージが含まれていて、ぼくたちはそうした表層の裏側にあるシリアスさに強く惹かれ、いままでこの音楽家を追いかけてきた。レコードや古本を買い、映画を観て、ＤＪをして、旅をする。そうした日々の連続のなかで離婚を経験し、病に倒れ生死の境をさまよい、グループを解散し、再婚をする小西さんは青年期から壮年期へ。そして老境へ向かう。まるでひとりの人間の人生のドキュメントを凝視しているような、そんなヴァラエティブックが過去にあっただろうか。小西さんが好きな70年代初頭のシンガー・ソングライターのレコードを聴いているような、冷めていて、ちょっとビターで、あたたかい。そんな感触の本をぼくは他に知らない。

ヤン富田／フォーエバー・ヤン　ミュージック・ミーム1

例えばぼくらの前の世代が武満徹や高橋悠治の本を読み、音楽を聴くとはどういうことか、生きていくとはどういうことかを学んだように、ぼくは、ぼくらの世代はヤンさんのこの本をまるで思想書のように読み、音楽の根っこにある部分をつかもうとしていた。ヤンさんのことを説明するのはとても難しい。全共闘上がりのスティールパン奏者。悪戯好きな電子音楽家。日本のヒップホップ黎明期に暗躍したプロデューサー。ジョン・ケージの「4分33秒」をカバーしたクールな音楽家。グランドマスター・フラッシュの脳波を音源にしてトラックを作るなんて、ヒップホップの未来とは前衛音楽であり、ミュージック・コンクレートだったんだと気づかせてくれた存在がヤンさんだった。この本はヤンさんへの膨大なインタビューから彼の半生やビート禅のアーカイブ、スティールパンのディスクガイドが紹介されていて、彼のとてつもなくアヴァンギャルドでどこまでもポップな音楽がどのような経緯で誕生したのかがわかる。いま、S.L.A.C.K.とか環ROYとかKID FRESINOとかを聴いているヘッズたちにこそ読んでほしい、日本のヒップホップ、ポップ・ミュージックを代表する天才音楽家の集大成的一冊。

マガジンハウス刊／relax 2004年2月号

〈relax〉に出会えていなかったら、ぼくは本屋をはたしてやっていただろうか。久しぶりにページをパラパラとめくりながらそんなことを考えた。岡本仁さんが編集長のころの〈relax〉は全号思い入れがあって大好きだと言えるけれど、この号はぼくにとって特別な思い入れがある。ヤン富田さんが紹介する哲学者アラン・ワッツの『ビート禅』のガイドもすばらしいのだが、なんといっても松浦弥太郎さんが文章を書き、写真家・若木信吾さんが全編に渡って撮影した「サンフランシスコ特集」を忘れることはできない。かつてのカウンター・カルチャーのメッカ、ベイエリアがその当時どのような街並みでどんなことが起こっていたのかを知るにはうってつけの特集で、ぼくはこの号をなんども読み、2018年にはじめてサンフランシスコに降り立ったときにも、この号をたよりに歩いたくらい影響を受けた。それにしても、サンフランシスコとアラン・ワッツを繋げてくる岡本さんの編集センスに脱帽してしまう。〈relax〉をはじめとした当時の雑誌がぼくらに教えてくれたのは、編集することの意味と面白さだ。どんな仕事にも編集力は求められるし、なにより人生そのものが編集の連続だもの。

松浦弥太郎／くちぶえカタログ

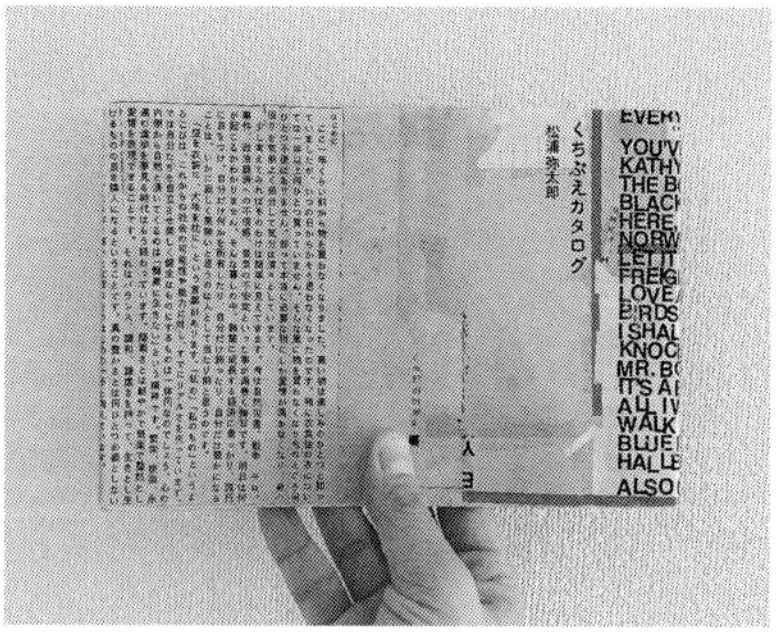

本屋をはじめたころ、よく人から「松浦弥太郎さんが好きなんですか？」とか、「弥太郎さんに憧れているんですね」と言われることが多かった。松浦弥太郎さんは好きだけれど、彼からの影響だけで本屋をやっているわけではなかったから、そうしたことを言われるたびに内心ムカついていた。それに正直なところ、おおかたの人の見解とおなじくいまの松浦さんをぼくは好ましいとは思わない。人はひとつの場所にとどまり続けることはできない。たえず変化の波にさらされ、変わっていくことで失ってしまうものもある。それは仕方のないことなのかもしれないけれど。

COW BOOKSの店先に立っていたころの松浦さんが好きだった。いつも彼の乗っている真っ赤なボルボが見えると、たまに上京して古本を買いあさっていたぼくは嬉しくなったものだった。そのころの松浦さんの衣食住、そして働くこと、旅をすることに対する態度を綴ったこの本をぼくは長らくバイブルのように読みふけった。このときの松浦さんと現在の松浦さんの根幹はなにも変わっていないように思える。では変わってしまったものはなんだろう。

サブ編集室／季刊サブ6号
WESTCOAST'73 朝日のようにさわやかに

ぼくは編集者やデザイナーでもないのに雑誌が好きで隅々までながめる癖があって、これはどんな人がデザインしているのか、どんな編集者が作っているのか、あるときからかならずクレジット欄を見るようにしていた。いっぱしの業界人気取りであの雑誌はいいとか、あの雑誌はよくないとか言っているうちにずいぶんとたくさんの雑誌を買いあさって読んでいたら、雑誌の辿ってきた道がなんとなくわかるようになった。そんな数ある雑誌のなかでもぼくがいちばん好きな雑誌は、小島素治という神戸を拠点に活動していた伝説的なエディターが作った、サブカルチャー色の濃いこのリトル・マガジンだ。この最終号はA3版の特殊な判型に、浅井慎平や吉田大朋、鋤田正義ら当時の売れっ子写真家が撮り下ろしたアメリカ西海岸の写真図版が全編を埋め尽くし、谷川俊太郎、かまやつひろし、草森紳一ら当時の文化人の乾いた文章が載る最高にクールな一冊。スマートフォンが登場し、雑誌の役割は終わった気がするけれど、こんな表現ができるメディアはやっぱりすばらしい。いつかはこんな雑誌を作ってみたい。そう思わせる永遠の魅力に満ちたインディペンデント・マガジンの金字塔。

赤田祐一・ばるぼら／20世紀エディトリアル・オデッセイ
時代を創った雑誌たち

雑誌というものがこの世から存在しなくなったときこそ、ぼくはいよいよ戦争がはじまるのだと考えている。なぜなら雑誌とは雑学の集積である。一見ふだんの生活には不要な、こまごまとしたうんちくやこだわりが毎回うんざりするほど載っているその雑誌を読む人間が一定数存在することこそが、ぼくたちがまだ文化的生活を営んでいることの証明だ。気のおけない雑誌がこの世からなくなってしまったときこそ人びとから慰安が消え、生活のなかに緊張が走っている。それは文字通りこの世から文化が消滅したときなのだと思う。

赤田祐一という編集者を気がつくとずっと追いかけていた。『クイック・ジャパン』からはじまり、『団塊パンチ』、『スペクテイター』と赤田さんが書くものはほとんど読んできたと自負している。圧倒的な知識と膨大な資料を駆使した赤田さんの書く記事を読んでいると、とにかくマニアックで濃厚な、サブカルチャーの海のなかを泳いでいるような気分になった。その赤田さんの集大成が、20世紀に登場した雑誌と編集者を徹底的にまとめたこの一冊だと思う。この本を読んで、なぜかぼくは赤田さんが自由とは何であるかを雑誌を通じて語っている気がしてならなかった。

川勝正幸／ポップ中毒者の手記（約10年分）

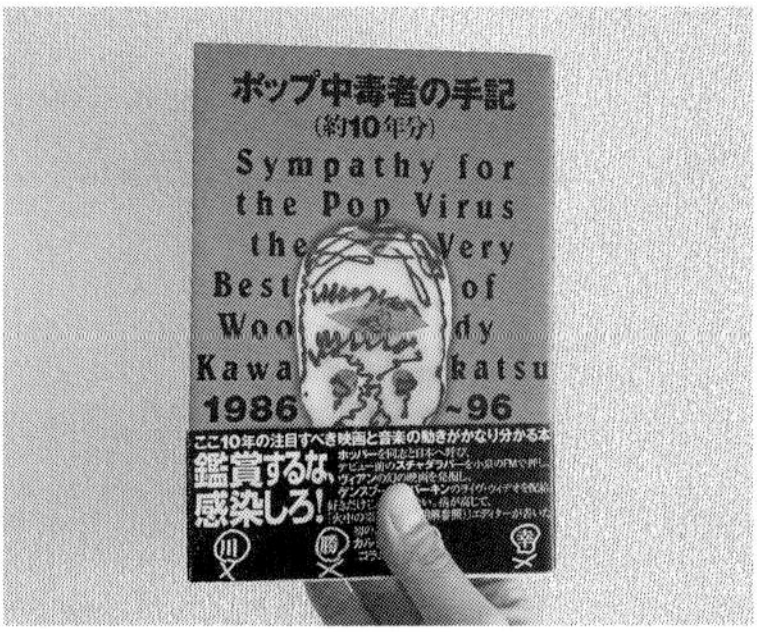

ぼくが川勝さんのことをここで書こうと思ったわけは、最近誰も川勝さんのことを書かないからだ。日本のポップカルチャーがこれだけ成熟したのは、90年代後半にのちに〝渋谷系〟と呼ばれるムーヴメントが起こりその文化的下地がしっかり出来上がったからで、その中心的人物は間違いなく川勝さんだった。川勝さんのことを説明するのはとてもむずかしい。元放送作家でライターで編集者、デニス・ホッパーと勝新太郎をこよなく愛し、スチャダラパーを発見し、ブコウスキーやデヴィッド・リンチを論じ、ゲンズブールを再発見したすごい人。こんな説明は陳腐で野暮だ。50年代から90年代までのポップ・カルチャーを勉強したいと思うならば、この４００ページのなかにすべて詰まっているからとにかく川勝さんのこの本をだまって読んでほしい。スパイク・リーも加賀まりこもモンテ・ヘルマンも若尾文子もラリー・クラークもピチカート・ファイヴもフィリップ・K・ディックもぜんぶ並列で語られるすごい本。そういえばぼくが青春をすごした90年代とはそんな時代だった。だからこれはもっとも90年代ぽい本とも言える。川勝さんがもうこの世界にいないことがほんとうに哀しい。

原田治／ぼくの美術帖

きみが美術館に行ったとき、わけもなく惹かれる絵画がかならず1点や2点はあるはずだ。ではその絵画をなぜうつくしいと思うのだろうか。線のなめらかさか、光の描き方か、あるいは色の鮮やかさか。はっきり言ってそのような形容はどうでもよくて、きみがうつくしいと思うものをすなおにうつくしいと認めたことこそがいちばん大事なことだとぼくは思う。その、うつくしいと思う対象に古いも新しいも東も西もなく、きみの心に誠実に働きかけてきたものこそがきみにとっての美なんだ。

〝ぼくはこの美術帖を、ぼくより若くて、ぼくよりずっと美的感覚にめぐまれた、しかしあまり古いものには興味無しという、未知なる友人に捧げます〟という序文ではじまる原田治さんのこの本を手に入れたときにはとうに30代を過ぎ、若いとは言えない年齢まで来ていたぼくは、いままで自分が吸収してきた美術に対する考え方や捉え方をいったん取っ払って、すなおな気持ちでアートに向き合おうと思った。デュフィや小村雪岱、川端実のすばらしさを教えてくれたのはこの本だけれど、なによりいちばん大事なことは自分の感覚を信じることだ。本を開くたびに原田さんがそう教えてくれる。

山田宏一／友よ映画よ　わがヌーヴェル・ヴァーグ誌

コート・ダジュールを走り去っていくアルファロメオ。映画狂（シネフィル）たちの青春のある時期を切り取ったこのすばらしいルポタージュは、ヌーヴェル・ヴァーグというフランスで起こった映画運動に対する評論でもあるし、映画のことだけを考えていられた幸福な時代の記録でもある。そしてなにより若き映画作家たちが成長し、大人になるカミング・オブ・エイジ・ストーリーでもあるのだ。ゴダール、トリュフォー、シャブロル、そしてジャン・ピエール・レオにアンナ・カリーナ。様々な人物が入れ替わり立ち替わり登場するこの青春記は政治の季節に突入し、怒号の飛び交うカンヌ国際映画祭で幕を閉じる。

映画評論家・山田宏一がパリ在住時の１９６４年から１９６７年の間に映画同人誌『カイエ・デュ・シネマ』の同人となり、同誌の同人であった映画監督ジャン・リュック・ゴダールやフランソワ・トリュフォーらとの交友を描いたこの一冊はいつまでも永遠の瑞々しさを保っている。この本が指し示しているのは青春や友情がいつまでも輝かしくうつくしいものであること、そしてそうしたものはやがて移り変わり、いつかは終わってしまう儚さを孕んでいるということなのかもしれない。

ジム・フジーリ／ペット・サウンズ

「ペット・サウンズ」をたとえば30代や40代ではじめて聴いたとしたら。すばらしいレコードだとは思うかもしれないが、あの青春を包み込むような柔らかな旋律や、胸をかきむしりたくなるようなもの哀しい気配は、たぶんつかみとることができないのではないかと想像する。ブライアン・ウィルソンという稀代のソングライターが作った「ペット・サウンズ」というレコードが発売から60年以上経ったいまも人びとの心をつかみ続けるのは、大人への成長の過程でかつて自分が持っていたものがもうそこにはないことを知る、そのイノセンスを失うことの哀しみと畏れが誰の心にも宿り、いつの時代も存在するからだと思う。高校生のぼくは中学生のころから好きだったある女の子に恋をしていた。そしてその恋は相思相愛のはずで、高校生になり成就するものだと思っていたのに彼女はぼくとは別の高校に進学し、そこであたらしい生活を手に入れ、あたらしい恋に出会ってしまった。そうしたぼくのさえない高校時代のサウンドトラックは「ペット・サウンズ」だったことを20年後、このジム・フジーリの本で思い出すことができた。それにもうぼくは若くはないのだ、ということも。

ジェリー・ガルシア、チャールズ・ライク／自分の生き方をさがしている人のために

1960年代に既存の体制からドロップアウトして自分たちの生き方を模索した人たちは、自由恋愛をたのしみ、気の合う友人たちと共同生活をおくり、LSDなどのドラッグをやって意識を拡張し、ロック・ミュージックを聴いて真剣に自分はどう生きるべきかを考えていて、そうした若者たちのいわば精神的な導師（グル）のような存在がグレイトフル・デッドというロックバンドのリーダー、ジェリー・ガルシアだった。この本はそのジェリーと、ベストセラー『緑色革命』を書いた社会科学者チャールズ・ライクがリラックスした雰囲気のなかで、当時の若者のなかに生まれつつあったあたらしい価値観や自由に生きるとはどういうことかをのんびりと語り合う。ドロップアウトすることはネガティヴなことではない。自分の好きなことをハッピーに継続できる選択肢のひとつとしてドロップアウトがある。グレイトフル・デッドのリーダーとして、常にハッピーに好きなことを続けてきたジェリーと『緑色革命』で60年代のカウンター・カルチャーに新しい価値観をもたらしたチャールズとのオルタナティブなライフスタイル指南書。

デイヴィッド・ミーアマン・スコット＋ブライアン・ハリガン／グレイトフル・デッドにマーケティングを学ぶ

ヒッピーとはいつもラリって怠けてばかりいる連中だと思っていた。髪を伸ばし髭をはやして、金の稼ぎ方も知らず、いつも自然食を食べ、ビーズやら皮製品やらを露店で売っているような連中のことだ。そうしたヒッピーたちの代表格がグレイトフル・デッドというバンドで、彼らこそその日暮らしでイージーゴーイングに生きてきたんだと思っていたから、まずこの本のタイトルを読んで驚いた。グレイトフル・デッドとマーケティング。そのまったく相反する要素がひとつになったとき、とびきり面白くためになる読み物が生まれた。著者のブライアン・ハリガンは起業家で、共同著者のデイヴィッド・ミーアマン・スコットはストラテジスト。ビジネス書がだいきらいなぼくのことだ。ふつうならこんな領域の人たちの本はまったく読む気がしないのに、この本だけはスルスルと読めてしまった。個性的でユニークで面白いと思うことにとにかくイージーに、自由にのびやかに挑戦すること。それが結果的に大きな富を生み、人間らしく働くことに繋がる。まさにあたらしい時代のビジネス書だと思う。まさかグレイトフル・デッドから学ぶとは思わなかったけれど。

ジャック・ケルアック／路上

20代のころ、おなじくビートにかぶれていた友人と当時住んでいた秋田から仙台まで車で長距離ドライブをした。ビートニクよろしくワインを詰め込み、ジャズをかけながらひたすら真夜中に走った。くだらない話をしているといつのまにか夜が明けていて、横目に朝日を拝みながらぼくらはただあてどもなく走り続けていた。そのときのぼくらにとっては、ただ走り続けるということがすべてだった。ぼくがサル・パラダイスで友人がディーンだ。相手もまったくおんなじことを考えていたに違いない。

そんな風にこのケルアックの小説は若者たちを旅に誘う。きみがまったく世界を知らないうぶな青年だったとしても、この小説のなかに世界がある。喧騒、ハイウェイ、酒、クスリ、誘惑、ジャズ、ガソリン、安モーテル、そして詩と文学。この本のなかの世界を知ったならきみは旅に出なければ。だってほんとうのことはこの現実のなかにあって、道路は続いている。ほんとうの手応えはきみの眼前にひろがる世界のなかにあって、きみはそのなかに生きているのだから。

ヘンリー・ミラー／北回帰線　ヘンリー・ミラー全集1

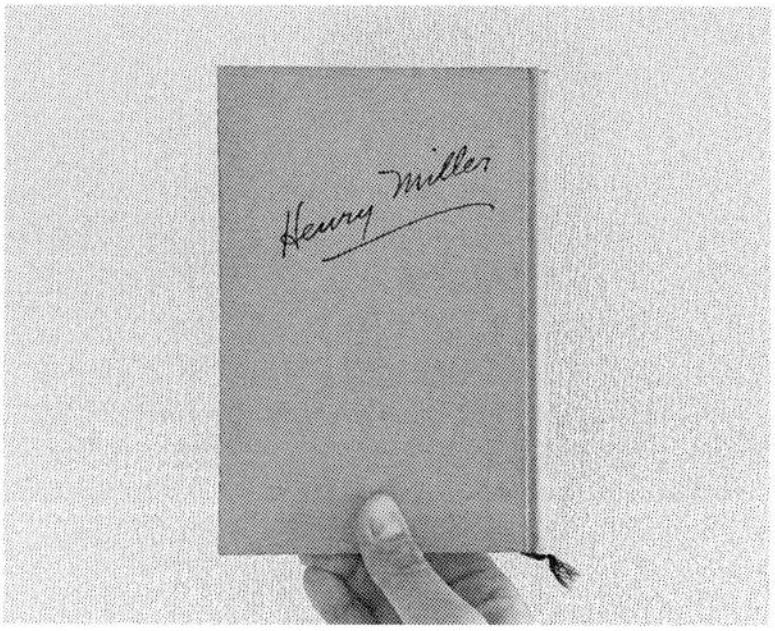

20代の前半から後半はぼくにとっての暗黒時代だった。専門学校を中退し、郷里にもどってさまざまなアルバイトで食いつないでいたぼくは、まったく自分に自信がもてず鬱々とした毎日を送っていた。そんなとき、友人の紹介でたまたま仲良くなったトオルと意気投合した。トオルは大学卒業後、公務員試験に落ち、再度試験に挑戦しようとしている浪人の身だった。ぼくらはモラトリアムな期間に毎週のように市内のイタリア料理店で落ちあい、ワインやエスプレッソ片手に音楽や映画や本の話をした。トオルは読書家で、彼から薦めてもらった小説はたいてい面白く、すばらしいものばかりだった。もう20年も前の話で記憶があいまいだけれど、たしか彼に紹介された一冊がこの『北回帰線』ではなかったか。なによりもまず生活がさきにあり、経験が重視される。赤裸々に、大胆に、生存本能としての性を生き、食べ物をむさぼり食い、金をだまし取り、ペーソスをユーモアで笑いとばす。人生というものをどのように生きるのか、その逡巡すらも小説のなかに取り込み、すべての作品がまるで大文字でLIFE（生きる）と書かれているような、そんな小説家をぼくはヘンリー・ミラーのほかに知らない。

串田孫一／新選　山のパンセ

山に夢中になっていた時期がある。友人たちと競うように東北のたくさんの山々を、それも低山ばかり登った。テントを張るわけでも、重装備をかついで縦走をするわけでもない。ただ山頂で湯を沸かし、コーヒーを飲んだり、カップラーメンを食べたりして日帰りするのである。山登りのなにが好きだったかと聞かれればだれかと登る山よりもひとりで登る山の、しんとした静寂が好きだった。早朝、家族が寝静まっているところをバックパックをかつぎ、車に乗りエンジンを回す。目的地に向かってただひたすら走っている間に朝日が昇り、一日がはじまる。空気は澄みきっていて、あたりには鳥の声と夏草がカサカサいう音しかしない中をただひたすら歩く。生きていることをかみしめながら、まだ眠っているであろうだれかのことを考え、これからの日々のことを思う。さまざまなことに思いを巡らせるには山は格好の場所だった。ひさしぶりに『山のパンセ』を開く。串田孫一も鳥のさえずりに耳を澄まし、花々を見て、歩きつづけることで友人たちのことを考え、人びとの営みに思いを巡らせ、この世界の尊さにしずかに感動していた。また山に登りたくなってきた。

トーマス・マクナミー／美味しい革命
アリス・ウォータースと〈シェ・パニース〉の人びと

こんなことをしたいと考えるだけで実行に移さないことはたくさんある。でもそれがほんとうに心から自分がやりたいことならば、経験がないとか、お金がないとか、事業計画を立てたことがないとか、そういう理由は言い訳になってしまう。27歳の大学出のバークレーに住む女性が、シェフの経験も、飲食店で働いた経験も大してないのに、自分の思い描くレストランを仲間たちと手作りした。シェフたちとのいざこざ、資金の欠乏、スタッフ間の軋轢や確執、そして店舗の火災。そうした悲運を乗り越え、いまやそのレストランは全米、いや世界じゅうが賞賛し、羨望の眼差しを送る有名店になった。シェ・パニースとそのオーナーであるアリス・ウォータースをめぐるこの物語は、全米一にのしあがったレストランの単なるサクセス・ストーリーではない。どんな革命的運動よりも革命的でありながら、しかも無血で彼女が成し遂げたことがこの本の中心に置かれている。それはレストランというたくさんの人びとが集い、働き、料理をたのしむ場を通じて、あたらしい生き方、つまり怒りよりもよろこびを基調として社会的正義をつらぬく生き方を彼女は体現し、ぼくらに伝えたのだ。

ヘンリー・デイヴィッド・ソロー／
一市民の反抗　良心の声に従う自由と権利

詭弁、嘘、欺瞞。こんにち、為政者たちがぼくらにむかって語ることは白々しく、むなしく聞こえる。彼らにとってよりよい社会とは、自分たちにとって都合のよい社会であり、そこに国民の幸福はない。ぼくたちが目の前の刹那的なたのしいことに気をとられ、押し黙っていたとしたら、彼らの意のままにどんどんひどい社会を作ることに加担することになる。沈黙していたら、きみは殺されてしまう。文字通り政府はきみのことなんかこれっぽっちも気にかけていない。自分の意に沿わないことはノーと言わなければならない。自助が先にくる社会なんて自分で何とかしてダメならのたれ死ね、と言われていることとイコールだ。この本を読めば、世界はソローの時代からなにひとつ変わっていないことにきみは気づくはずだ。市民的不服従とは、みずから自分の身をまもること。他人にながされず、きみの良心にもとづいて、自分のことばで意思を表すことの大切さをぼくはソローから学んだ。

小林秀雄／小林秀雄全作品26 信ずることと知ること

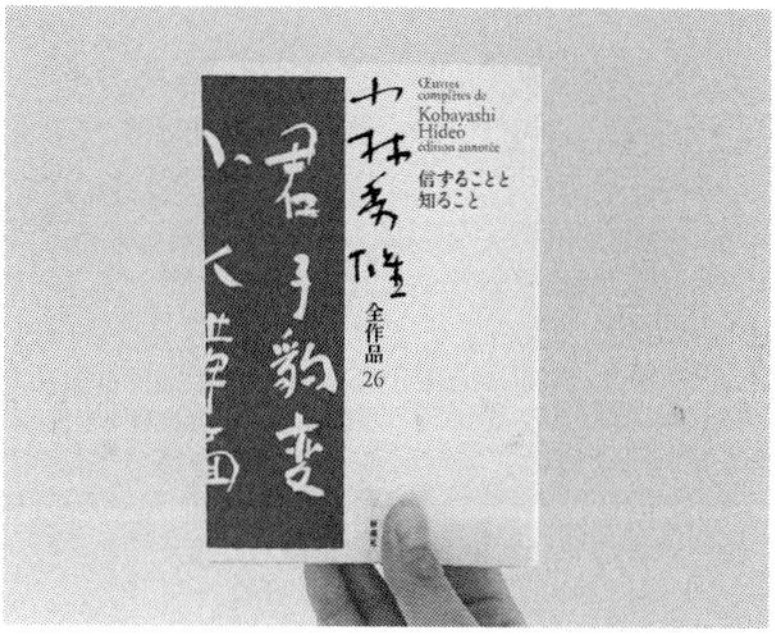

読んだだけでなんだか覚醒してしまい、読み終えたあとの世界が変わって見えるような文章というものが存在する。生きているうちにそうした文章に何度出会えるだろうか。そう考えながら、たくさんの本を読むことは至上のよろこびだ。この全集のなかにおさめられた小林秀雄の晩年にあたる昭和49年、72歳のときに行われた講演記録こそ、いまを生きるぼくたちが読むべき文章だと思う。近代科学は日常の経験を観察や実験によって定量化することにより、発展してきた。だが、この世のなかにある計量できないもの、そうした体験をどう捉え、定義するのか。体験が置きざりにされ、学問だけが優位にある現代社会において、ぼくたちは目に見えないものの存在に目をこらし、合理的でないものを体験することによってまったくあたらしい感覚を体得する。世界は0と1だけではない。その中間にあるもの。グレーでうまく言い表せないものこそがぼくたち文明社会が見過ごし、すみに追いやってきたもので、そうしたもののなかに真理は隠されているのかもしれない。

花森安治／一戔五厘の旗

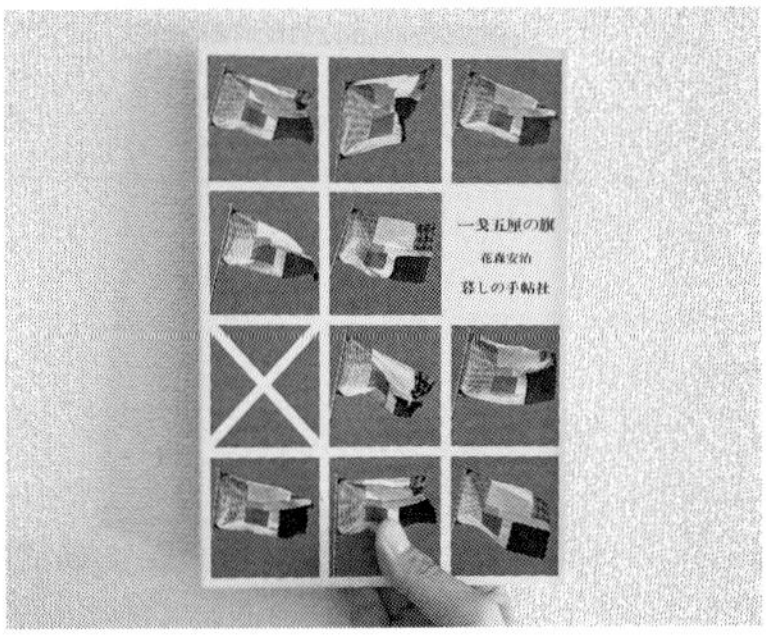

とてもうつくしい夜だった。もうあんな夜は来ないと思われるような、しんと静まりかえり漆黒の空のなかで星がまたたいていた。家々のあかりは消え、あたりには誰もおらず、すこし心細くなるような、世界の終わりのような夜だった。２０１１年3月11日。ぼくはすべてが闇につつまれた故郷の街を歩いていた。

8月15日。戦争が終わり、戦争に徹底的に負けたことで日本という国ははじまった。なにもなかった焼け野原にはネオンがきらめき、繁栄と成長によって日本は自信を取り戻した。あの日、国ぜんたいがいままでの過ちをみとめ、猛省することからもう一度正しい道を歩き出したはずだったのに。いつしかぼくたちは過去を省みることは貧乏くさい、恥ずかしいことだと考えるようになった。過去をうとましく感じ、どこか遠くの、すみに追いやってしまった。文明的で富める国家となったぼくたちの自信は驕りだった。そして、3月11日がやってきた。あれからぼくたちはまた、過去を省みることを忘れようとしている。だからぼくは事あるごとにこの花森安治の本を開く。いったいぼくらの国でどんなことが起こったのか。誰がこの国をよごし、誰がこの国をうつくしく作りなおしたのか。ぼくらは忘れないようにしなければ。

ウィリアム・サローヤン／パパ・ユーア クレイジー

息子が生まれてくるまえ、父親になるとはどういうことなのかをずっと考えていた。父親らしい態度とか父性とはなにか、というようなことだ。いま、息子をこの腕のなかに抱きしめ、彼の目をじっと見つめるとき、かつてのぼくはなんと頭でっかちだったのだろうと考える。父親というロールモデルは存在しない。子どもを授かってようやく気がついたことは我が子を自分だけのやり方で見守り、手をさしのべ、すくっとひとりで立ち上がるまで支えてあげることしかできないのだ、ということだ。アメリカの大作家ウィリアム・サローヤンが息子アラムの視点と、自分が10歳だったころの目線で書いたこのみじかい物語は、父と子の詩的で大人びたやりとりがとても冴えていて、あたたかく感動的だとむかしは思っていた。だがこれは父親に早く死なれてしまい、父性というものがわからなかったサローヤンの理想の父親像を描いたフィクションであり、父親役を果たせなかった彼なりの息子への懺悔なのだ、ということがいまはよく理解できる。ぼくはぼくなりのやり方で息子と毎日むきあっている。そこに答えも正解もない。できるだけ誠実であろうとするだけだ。

レイチェル・カーソン／センス・オブ・ワンダー

息子と近所の裏山を散歩していると、息子がカサカサとゆれる木の葉を一心不乱に見つめていた。なにがそんなに面白いのだろうと不思議に思ったが、彼にとってこの世界は未知の事象だらけなのだから当たり前なのだと思い直した。彼の、息子の目線で世界を見ると面白い。風のぴゅうぴゅういう音も、ジャコウカエデのむせかえるような匂いも、ハダカホオズキの赤々とした実も、彼にとってはすべてがはじめて聞き、匂いをかぎ、見るもの。発見のよろこび。手に触れるものの無垢な手ざわり。自然が生みだすものの繊細な造成のうつくしさと、あざやかで神秘的な色の不思議。ぼくたちは大人になるにつれそうした感覚の鋭敏さを失い、どんどん鈍重になっていくことで社会生活に順応していくのだとしたら、あまりにも哀しいことだ。息子をさずかっていちばんの気づきはこの世の中はたくさんのおどろきに満ちみちていて、そうしたピュアリティを忘れずに、と息子に言われている気がして日々はっとしている。レイチェル・カーソンが『センス・オブ・ワンダー』で書いていたことが、数年前はさほどピンとこなかったのにいまはわかりすぎるほどよくわかる。

永井宏／マーキュリー・シティ

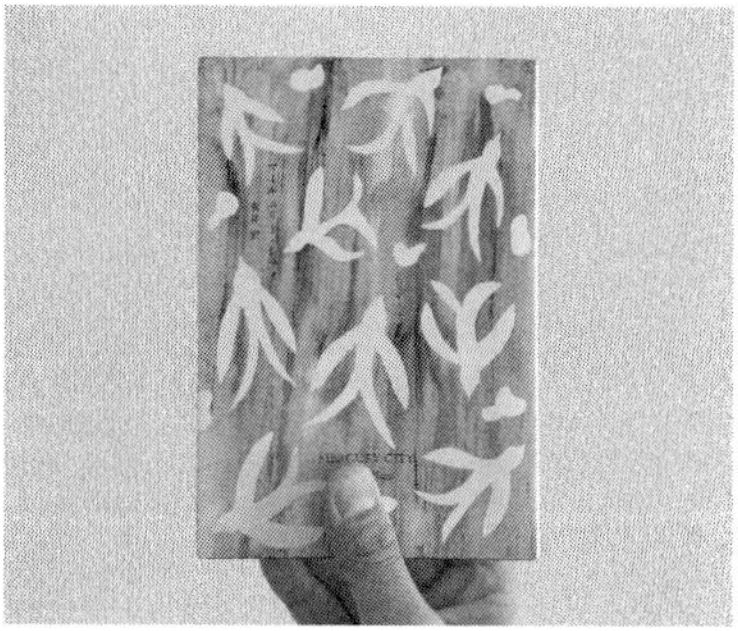

　ぼくが若かったころ、永井宏さんは鎌倉でなにか面白いことをやっている人くらいの認識しかなく、彼の著作をさかのぼって読むことはついになかった。つまりぼくは永井さんに間に合わなかったのだ。それから時はながれ、永井さんに背中を押され、あたらしいことをはじめた人たちに何人も出会うことになる。永井さんは「誰にでも表現することはできる」「暮らしそのものがあなたの表現になる」と言ってたくさんの人がなにかをはじめる後押しをした、すごい人だったのだ。
　一昨年復刊された『マーキュリー・シティ』によって、ぼくはようやく永井宏という人間にはじめて正面から向き合うことができた。読み終えてようやくぼくは間接的に永井さんの影響を受けていたことに気がついた。ヴィム・ヴェンダースの映画、サンフランシスコの街並み、リー・フリードランダーの写真集、フレッド・ニールのこと。60年代や70年代に青春をおくった彼が語る音楽や映画、アートへの愛は、ぼくらのなかにまるで胚芽のようにふりかけられ、いまもなお芽吹いている。それはまるで円環のように世代から世代につながり、伝えられていく。そして、今日も誰かがなにかをはじめようとしている。

リン・ティルマン／ブックストア
ニューヨークで最も愛された書店

本屋とは文化的空間である。それはまぎれもない事実だと思う。本屋をおとずれる人びとはみな、自分の文化的欲求を満たそうと本棚をながめ、店主との会話を楽しむ。だが文化的空間であると同時に社会的空間でもあるのだ、ということをアメリカの本屋を訪ねるたびにぼくはいつも痛感する。本屋を開業することを決めたとき、ぼくはこのニューヨークのアッパーイーストサイドにあった伝説の書店「ブックス・アンド・カンパニー」の回顧録を繰り返し読んでいた。ここには本屋が持っている魔法のすべて、そして書店業を続けていくことの苦悩、本屋と街が共存していくことの素晴らしさが描かれている。本屋という場所の持つロマンとは本を売ることだけではない。コミュニティに根をおろし、いわばその街といっしょに呼吸し、その街の人びとにとっての灯台であり続けることなのだ。誰に頼まれたわけでもなく、毎日店を開け、社会のなかにあり続けること。本屋とはそのようなものでなければならないのかもしれない。そしていま、そのむずかしさをぼくは痛感している。

レイモンド・マンゴー／就職しないで生きるには

今回ぼくが書いた本は21世紀の『就職しないで生きるには』を目指した。そのくらい思い入れがあり、愛した本はこれ以外あとにもさきにもないかもしれない。本屋をはじめる、ということ自体がさほどクレイジーなことだと思わなかったのはこの本をなんども読んでいたからだ。マンゴーが友人たちとはじめた「モンタナ・ブックス」にはロマンがあった。学生寮的な悪ふざけと反体制的な態度。本に対する真摯な姿勢とビジネスへのひらめき。こんな本屋をやりたいと思った。この本は就職しないことを賞賛する本でも、働かないで生きていくことを推奨する本でもない。なにかをはじめることはたやすい。そのたやすさにはかならず落とし穴があって、それが1ヶ月後なのか10年後なのかわからないが、はじめた人間にツケが回ってくる。そのツケをどうやって払っていくのかをマンゴーがみずから体現し、おなじようにツケを払っていく方法を模索していた人間たちにインタビューした本だ。ぼくはこの本をビジネス書として読み、自己啓発本としてつねに肌身はなさず携帯し、すぐれたルポルタージュとして愛読した。これからもあたらしい「モンタナ・ブックス」をはじめようとする人びとに読み継がれていきますように。

あとがき

あとがき

この本は世界じゅうを覆った未曾有の危機のなかで書かれた。この本を書き上げるあいだに妻のお腹がみるみる大きくなり、ぼくはその大きくなったお腹をさすりながらさらに書き続けた。そして6月の終わり、わが家に新しい命が生まれた。彼は妻の誕生日の一日あとに、まるで綿密に計画したかのようにこの世に生まれてきて、とつぜんぼくの家にやってきた。ぼくはそれからも息子をあやし、おむつを取り替え、ときに抱きかかえながらリビングの椅子に座り、この本を書き続けた。この本はぼくの過去であり、ぼくの半生でもある。息子というぼくにとっての未来を見つめながら、過去をたどり個人的な出来事を反芻しながら書くという作業は楽しくもあり、ときに苦しくつらかった。過去のどうしようもない自分の姿や、誰かを傷つけてしまった犠牲の上にぼくが成り立っているということをまざまざと思い出させたからだ。

2020年11月の終わり。吉祥寺でひとり出版社「夏葉社」を営む島田潤一郎さんをゲストに迎え、ぼくの店でトークイベントを開催した。島田さんの新しい著書の出版を記念したイベントで、ぼくと島田さんで本や出版のこと、子育てのことなどを約1時間話した。トーク終了後、島田さんとふたりで店の近所の焼肉店に行き、肉を焼きながらたわいもない話をしてビールを飲んだ。島田さんとぼくとはほぼ同年代で、彼もまた本や音楽や映画が好きで、おなじように人生を一度ドロップアウトして、自分の好きな道を遠回りしながら模索した人だった。ぼくらはまるで古い友だちのようにむかし読んでいた雑誌や好きだったミュージシャンの話をして盛り上がった。ビールのジョッキが空になり、お腹も満たされると島田さんがぽつりと言った。

「いまは若かったころにたくさんまわり道をしてよかったなあと思います。そのころに見たり聞いたりしたものが大きな財産になっていますから」

会計を済ませ、寒空のなか島田さんと別れ、家路を歩きながら、ぼくは島田さんの言った言葉をずっと思い出していた。あたたかいマンションの部屋に入り、待っていた妻と息子の顔を見て、やっぱりぼくもまわり道をしてよかったのだと思った。けっして犯した過ちや自分勝手な行いが許されるわけではないが、ぐるぐると逡巡し、答えを見つけながらあちこちをさまよった日々があるからこそいまのぼくがあって、そうした日々は財産なのだと。

かといって、この本はそうしたまわり道を奨励するような本ではない。どう考えたってストレートに最短ルートで自分のやりたいことを見つけられたほうがいいし、誰かに迷惑をかけないほうがいいに決まっている。だが、やりたいことや好きなことがわからないのならばぜったいに遠回りしたほうがいい。これで合っているのだろうか、ぼくはほんとうにこれが好きなんだろうかと自問自答しながら生きる日々のほうがぜったいに収穫は大きい。それは言いかえるならば人生経験というやつで、場数を踏んでいる人間ほど応用が利くのだと思う。そしてそんなまわり道のなかで出会った人びとや読んだ本、ひとり哀しみに浸りながら観た映画や聴いた音楽はいまもぼくの血となり肉となっている。

それらはぼくを構成するだいじな一部であり、かけがえのない宝物だ。

今日もぼくは本屋を開け、カウンターに座り、待っている。かつてのぼくのような、道の途上にいる人びとが本のなかにあるかもしれない答えを求めてやってくるのを。ぼくに話しかけてくれるのを、ぼくはじっと待っている。

開業当初からぼくを応援してくれ、この本を世に出す機会を与えてくれた小梶嗣さん、さまざまな面でサポートをしてくださった木楽舎の中野亮太さんにこの場を借りて心より感謝申し上げます。それにまわり道の途中で出会ったたくさんの人びとに。そしてぼくを信じ、いつも書くことを誰よりもまっすぐ応援してくれた最愛の妻と息子に、この本を捧げます。

早坂大輔（はやさかだいすけ）

1975年生まれ。サラリーマンを経て、2017年に
新刊・古書店「BOOKNERD」を開業。
書店経営の傍ら、出版も手がける。
主な出版物に、くどうれいん著『わたしを空腹に
しないほうがいい　改訂版』。

BOOKNERD Instagram
https://www.instagram.com/booknerdmorioka

ぼくにはこれしかなかった。

二〇二一年三月二六日　第一刷発行
二〇二一年六月二八日　第三刷発行

著　　者　早坂大輔
発行者　小黒一三
発行所　株式会社木楽舎
〒104-0044
東京都中央区明石町十一－十五
ミキジ明石町ビル　六階
電話　〇三－三五二四－九五七二
http://www.kirakusha.com

編　　集　小梶嗣
中野亮太（木楽舎）
校　　正　株式会社鷗来堂
印刷・製本　藤原印刷株式会社

ISBN978-4-86324-151-0